SOUVENIRS

DE LA MARQUISE

DE CRÉQUY

Paris. — Imprimerie KAPP, 20, rue de Condé.

Marie de la Vieuville
(Marquise de Parabère.)

SOUVENIRS

DE LA MARQUISE

DE CRÉQUY

DE 1710 A 1803

NOUVELLE ÉDITION REVUE, CORRIGÉE ET AUGMENTÉE

TOME DEUXIÈME

PARIS
GARNIER FRÈRES, LIBRAIRES ÉDITEURS
6, RUE DES SAINTS-PÈRES

SOUVENIRS

DE LA MARQUISE

DE CRÉQUY.

CHAPITRE PREMIER.

Le jeune Arouet. — Le Régent l'exile. — Mme Arouet, sa mère. — Elle voudrait le faire officier de justice. — Le Duc de Richelieu se moque d'elle. — Les bals masqués du Régent. — Ses orgies. — Scandale qu'il donne par un sacrilége. — Mme de Coulanges. — Mme de Simiane. — Invention du Maréchal de Richelieu relativement à Mme de Sévigné. — La Duchesse de Chaulnes et le Vidame d'Amiens. — Le Czar Pierre et sa cour. — Sa visite à Saint-Cyr. — L'auteur dément une assertion de Saint-Simon. — Le Grand-Prieur d'Aquitaine. — La Duchesse d'Angoulême, belle-fille de Charles IX, et morte en 1713. — Son mari accusé d'être incendiaire et faux-monnayeur. — La Marquise douairière de Créquy. — Son aventure avec un neveu du Pape. — Poursuite judiciaire contre M. de Richelieu. — Sa lettre au Duc d'Aumont, père de Mme de Créquy. — Son duel avec le Marquis d'Aumont. — Résultat de leur querelle

L'ancien notaire des Richelieu, des Breteuil et des Froulay avait laissé un garnement de fils qu'on soupçonna d'avoir écrit une satire horriblement impudente, ce qui le fit exiler à Tulles en Limousin, Mme Arouet, sa mère, n'en était pas autrement fâchée parce qu'il ne voulait faire autre chose que de rimer dans sa chambrette ou flâner sur les pavés de Paris, tandis qu'on aurait voulu lui faire exercer un emploi de greffier au Châtelet. C'était le Duc de Richelieu qu'elle avait choisi pour confident. Elle avait été belle et bienveillante pour lui, ce qui ne l'empêchait pas (lui, Richelieu) de nous en faire des railleries impitoyables, et c'est pour la première fois qu'on ait entendu parler du jeune Arouet, autrement dit M. de Voltaire.

Le Marquis de Créquy me dit un jour en présence de ma grand'mère, qui n'en revenait pas de surprise :
— Je ne saurais blâmer le petit poète en question, car il n'a dit autre chose que la vérité. Je vous assure que M. le Duc d'Orléans est une infâme créature; il s'enivre tous les soirs avec des Broglie et des Canillac; ensuite il se traîne à ce bal de l'Opéra qu'il a fait établir dans une aile de son Palais-Royal, malgré qu'il fût en grand deuil, et malgré que nous fussions en carême. Il y tombe quelquefois par terre, attendu qu'il est ivre mort; et pour l'achever de peindre, il a scandalisé tout Paris en s'en allant communier, comme si de rien n'était, à Saint-Eustache.....

—Marquis! pourquoi donc lui venez-vous parler de semblables choses ?....

— Vous allez voir à quelle intention, bonne Marquise..... — Sa femme est une sotte bâtarde, et puis voilà tout : son fils est un Nicodème, et ses filles ne valent pas mieux que leur père....

— Marquis! Marquis! s'écria ma grand'mère en l'interrompant; je ne souffrirai pas que vous lui veniez parler des filles de M. le Régent! vous la feriez tomber à la renverse, et ce serait dans le cas de lui faire une révolution !

La révolution qui s'en suivit dans mon esprit et dans les projets de Mme de Froulay, c'est qu'il ne fallut pas songer à me présenter à la famille d'Orléans, parce que M. de Créquy ne l'aurait pas tenu pour honorable. Il en est résulté que je n'ai connu d'autres Duchesses d'Orléans que les deux dernières, et encore était-ce parce que nous nous étions souvent rencontrées chez leurs parens, chez Mme la Princesse de Conty pour la belle-mère, et chez M. le Duc de Penthièvre, mon parent et notre ami, pour la Duchesse d'Orléans d'aujourd'hui. Je vous parlerai plus tard de ces deux Princesses et de leurs maris.

Dans le grand nombre des personnes à qui je fus présentée, je distinguai particulièrement la célèbre Mme de Coulanges qui venait de perdre le sien, (c'est le mari dont je parle), et dont la vivacité d'esprit avait bien de la peine à se laisser comprimer par ses habits de veuve et par le poids des années. Je ne saurais vous exprimer tout le plaisir qu'on prenait à sa conversation. C'était des mots portant coup et frappant juste, avec une imprévision qui vous saisissait; l'esprit et l'originalité n'étaient là que pour la broderie, car le fond de l'étoffe était la raison même, et chacune de ses plaisanteries méritait réflexion. Je lui criais miséricorde, et l'envie de n'en rien perdre me donnait la fièvre.

Mme de Sévigné était morte quatre ou cinq ans

avant ma naissance, et je n'ai conservé de sa petite fille, Mme de Simiane, qu'un souvenir assez confus. Je crois l'avoir rencontrée deux ou trois fois chez Mme de Coulanges, à qui l'on nous disait qu'elle aurait bien voulu faire un procès pour la succession de MM. du Gué-Bagnols. C'était une petite bonne femme toute brune, très-sèche, et qui *provencialisait* effroyablement. Si j'avais prévu que sa petite-fille et son héritière épouserait mon fils, je l'aurais observée avec beaucoup plus d'intérêt et d'attention, comme vous pouvez croire. Quant à la discorde ou des brouilleries sérieuses entre Mme de Grignan et son illustre mère, c'est une chose dont Mme de Coulanges n'avait jamais ouï parler dans sa famille ; et quand on remontait à sa source, on trouvait que c'était une invention de M. le Duc de Richelieu, qui disait, pour se divertir, que la mère et la fille se disputaient perpétuellement, parce que la fille ne pouvait souffrir sa mère ; il avait été jusqu'à dire que Mme de Sévigné en était morte de chagrin, ce que M. de Richelieu avait pris sous sa perruque blonde, et ce que personne ne croyait de notre temps. Il avait forgé bien une autre histoire au sujet de l'Évêque de Meaux, le grand Bossuet, qui, disait-il, avait été marié secrètement avec une des nièces de M. de Bussy-Rabutin, ce que les prédicans de Genève et de Hollande avaient eu la nigauderie de prendre au sérieux. Vous ne sauriez imaginer combien, pendant sa jeunesse, il a mis en circulation d'étrangetés malicieuses et de suppositions dérisoires. Il en avait conservé l'habitude d'imaginer les plus étranges et les plus ridicules mariages entre des gens qui n'y songeaient pas; mais il eut à s'en **repentir,** une fois dans sa vie, et voici l'historiette.

La Duchesse de Chaulnes était certainement la plus extravagante et la plus ridicule personne de France (1). C'était une grosse douairière toute bouffie, gorgée, soufflée, boursouflée de santé masculine et de sensibilité philosophique, qui se faisait ajuster et coiffer en petite mignonne, et qui zézéyait en parlant pour se razeunir. Elle était éminemment riche, et c'étaient les enfans du Maréchal de Richelieu qui devaient hériter d'elle; je pense que c'était à cause de leur grand'mère qui était une Mlle Jeannin de Castille. On supposait bien qu'elle éprouvait la tentation de se remarier; mais ses héritiers ne s'en inquiétaient guère, en se reposant sur la difficulté qu'elle aurait à trouver un homme de la cour, ou même un simple gentilhomme qualifié qui voulût affronter une pareille exorbitance de chairs, de ridicules et de moustaches.

Il y avait à Paris, d'un autre côté, car c'était dans une des chambres d'enquêtes, un certain Conseiller sans barbe qui s'appelait M. de Giac, et qui était l'homme de justice le plus pédant, le plus risiblement coquet et le plus ennuyeux. Il avait l'air d'un squelette à qui l'on aurait mis du rouge de blonde et des habits de taffetas lilas. Il pinçait de

---

(1) Anne-Josephe Bonnier de Lamosson, fille d'un Trésorier-Général des états de Languedoc, mariée en 1754, morte à Paris, le 6 décembre 1782, étant veuve en deuxièmes noces de Martial-Henry de Giac, Seigneur de la Chapelle-en-Parisis.

(*Note de l'Auteur.*)

la mandoline en se pinçant la bouche et jouant des prunelles. Il avait la prétention d'avoir composé la musique et les paroles d'un opéra tragique, mais par habitude il ne fabriquait que des *pièces fugitives*, et c'était de la poésie, d'autant plus légère qu'il n'y avait rien dedans.

Voilà M. de Richelieu qui s'amuse à faire courir le bruit d'un mariage entre Mme de Chaulnes et M. de Giac qui ne se connaissaient point du tout. C'est un bruit qui se répand dans tout Paris : on leur en parle; Mme de Chaulnes se fait désigner l'équipage, la loge et la personne de M. de Giac, *et vice versâ* de la part du Conseiller pour la Duchesse; on s'observe, on s'approche, on fait connaissance, on s'admire, et finalement on s'épouse. Mme de Chaulnes en a donné deux cent mille livres de rente à son second mari, et voilà M. de Richelieu bien récompensé! — Je dois vous annoncer, lui vint-elle dire, au pavillon d'Hanovre, en prenant des airs de mineure, je viens vous annoncer que je vais me donner un tuteur.... — Madame, lui répondit-il en s'inclinant jusqu'à terre (ce qui préludait toujours à quelque perfidie), j'aurais cru que vous aviez perdu le droit de le choisir vous-même; et quelle est donc, s'il vous plaît, cette heureuse et prudente personne qui va diriger votre minorité? Elle répondit en minaudant que c'était un jeune magistrat qui avait l'honneur d'appartenir aux Lefèvre de Caumartin; mais elle ne voulut ou n'osa jamais le nommer, ce qui priva M. de Richelieu du plaisir de lui répondre qu'on n'était plus jeune à cinquante-deux ans, parce que c'était précisément l'âge de la Duchesse et celui de son Conseiller des enquêtes. Ce qu'il y eut de charmant, c'est qu'elle alla disant partout que le Maréchal de Richelieu l'avait complimentée de la manière la plus aimable, et qu'il avait eu la galanterie de l'appeler Pupille dilatée.

Pour apprendre à M. de Giac à compromettre sa dignité parlementaire en épousant une folle à cause de son argent, le Parlement de Paris l'obligea de quitter la magistrature, et le Roi l'exila du côté de Barèges où nous l'avons vu se promenant le long des ruisseaux, costumé comme un berger d'Opéra, sous un parasol orné d'églantines, et la houlette à la main. Tout donne à penser qu'il aura fini raisonnablement, car il a légué toute sa fortune à l'hôtel-Dieu de Bordeaux.

M. de Créquy était proche parent des Ducs de Chaulnes, et m'a souvent parlé de la manière dont cette folle avait fait élever un fils qu'elle avait et qu'on appelait M. le Vidame d'Amiens dès l'âge de trois mois (1). On ferait un volume avec tous les détails de gâterie dont il avait été l'objet. C'était lui qui voulut absolument pisser sur un gigot de mouton qu'il voyait tourner à la broche, et la scène avait lieu dans une auberge de Picardie où les voyageurs du coche attendaient ce morceau de rôti pour leur souper. L'enfant pleurait, et sa mère envoya dire à l'hôtelier de le laisser faire, à condition que ce serait du côté du manche. Il était gaucher de nature et par entêtement, ce qui contrariait

---

(1) Louis-Marie-Joseph d'Albert d'Ailly, dernier Duc de Chaulnes.

beaucoup sa tendre mère, et un jour qu'elle le vit donner un soufflet à sa tante, la Marquise de Plessix-Bellière, elle se mit à crier impatiemment : — Toujours de la main gauche !..... Et c'est tout ce qu'elle en dit à sa belle-sœur. Ce petit Vidame avait pris son précepteur en si grande aversion, que la Duchesse exigea de celui-ci qu'il fît semblant de se laisser tuer par son élève, qui lui tira, dans le milieu de la poitrine et à bout portant, un coup de pistolet sans balle. Cet imbécile et lâche complaisant fit mine de tomber sous le coup de feu, et l'on eut soin de le faire disparaître, après avoir eu soin de lui constituer une rente viagère de 400 livres, en rémunération d'un si bon office ! Le Marquis nous disait aussi que lorsque M. le Vidame eut atteint ses douze à quinze ans, on n'osait plus le faire descendre pour se promener dans les Tuileries, non plus qu'à l'Arsenal, au Luxembourg, au Palais-Royal, ou dans le jardin de l'hôtel de Soubise, parce que tous les autres garçons du même âge et de la même étoffe que lui, s'étaient donné le mot pour le rouer de coups. Sa mère en fit le sujet d'une requête au Parlement. Elle y disait des choses inouies, et notamment que l'héritier des Ducs de Chaulnes avait droit à toute la sollicitude de la Cour des Pairs, parce qu'il y siégerait sur les fleurs-de-lys, et parce que le petit de Rougé avait entrepris de lui crever les yeux ; d'où venait qu'elle se trouvait obligée de l'envoyer jouer tous les après-dîners sur la butte Montmartre avec un paquet de ficelle et des cerfs-volants. M. le Procureur-Général de Fleury lui écrivit très-poliment qu'il avait reçu sa requête, mais qu'il n'avait pas autre chose à lui répondre, attendu que de mémoire de cour souveraine, on n'avait admis aucune requête pareille à celle-là. Elle en porta plainte au Roi qui la fit prier de le laisser tranquille.

Je ne vous dirai presque rien du Czar Pierre et de son séjour à Paris, parce que j'étais allée passer six semaines à Montivilliers, pendant une inspection de M. de Créquy dans le nord de la France, en sa qualité de directeur-général de l'infanterie, ce qui fait que je n'ai pas vu le Czar. Ce que je vous en pourrais dire se trouve partout, ainsi vous n'aurez pas à regretter mon absence. C'était le Maréchal de Tessé qui avait été chargé de faire les honneurs de la France à S. M. Moscovite, et qui la fit loger avec tout son monde à l'hôtel de Lesdiguières. Une chose que je vous puis assurer, par exemple, c'est qu'il n'est pas vrai que sa visite à Mme de Maintenon se soit passée d'une manière inconvenante, ni qu'il ait tiré brusquement les rideaux de son lit pour la regarder avec une curiosité qu'on pourrait appeler impertinente, et sans lui parler, qui plus est! Tout ceci n'est qu'une rêverie, non pas du Duc de Richelieu, mais du Duc de Saint-Simon qui tournait toujours chaque chose à sa fantaisie. Voici tous les détails de leur entrevue, tels que je les tiens de mon oncle de Tessé, directement.

Le Czar était allé coucher à Versailles où l'on avait disposé pour lui l'appartement de Madame la Dauphine, et le soir même il avait dit mot-à-mot au Maréchal, en bon français (ce qui prouva qu'il avait bu démesurément, car il ne voulait d'habitude, et par une fausse dignité, parler qu'au moyen d'un interprète) : — Mon Cousin, je vous conjure de me faire obtenir une audience de Mme de Maintenon : dites-lui que je le désire *passionnément !*

Mon oncle s'en fut à Saint-Cyr dès sept heures du matin ; Mme de Maintenon finit par se rendre à ses instances, et elle resta dans son lit pour attendre le Czar, sans faire changer la moindre chose à la disposition de sa chambre, ni même à celle de sa coiffure. L'antichambre et les deux salons de son appartement étaient restés tendus en noir, nonobstant que le deuil du roi fût terminé, mais sa chambre était remeublée comme à l'ordinaire en damas rouge. Elle était dans son lit sous un couvre-pieds d'hermine, elle avait une camisole de velours gris, des cornettes plates sous une coiffe noire, et des mitaines de la même couleur. Le seul préparatif qu'elle eût fait après le départ du Maréchal et pour recevoir le Czar, c'était d'avoir ôté ses mitaines : ainsi vous voyez que je n'ignore aucun détail (1).

Mon oncle revint à Saint-Cyr avec son Czar Pierre, et pendant sa visite qui dura près d'une demi-heure, il n'y eut absolument dans la chambre de Mme de Maintenon que le Maréchal de Tessé et le Prince de Couraquine, lequel était plénipotentiaire du Czar à Paris et lui servait de truchement. Le Czar avait commencé par saluer en fermant les yeux, et en s'inclinant assez bas pour toucher la terre avec les doigts de la main droite (politesse de

---

(1) *Voyez* DANGEAU sur l'étiquette des gants et le cérémonial des mitaines. (*Note de l'Edit.*)

Russie); il s'était assis sur le grand fauteuil de vêture qui se trouvait au chevet du lit et le dos à la muraille, mais trouvant qu'il n'y voyait que de profil, il avança le même fauteuil en se retournant sur lui-même, et ceci fut opéré brusquement et bruyamment. Pierre Ier se mit alors à parler moscovite pendant sept à huit minutes, mais ce fut à demi-voix et du ton le plus respectueux. Le Couraquine exposa que S. M. Impériale était pénétrée d'estime et de considération pour Madame, et qu'ayant à cœur de fonder une institution qui fût analogue à celle de Saint-Cyr, l'Empereur avait désiré visiter cette maison, comme aussi rendre hommage à son illustre fondatrice; et puis des complimens à n'en pas finir sur la piété, la bonne administration, le singulier mérite et les hautes vertus de Madame, qui répondit en faisant un éloge de *Sa Majesté,* poliment sans dire le *Czar,* et discrètement sans lui donner le titre d'*Empereur.* On parla des réglemens de l'institut, des preuves de noblesse exigées pour l'admission des élèves, et finalement on envoya chercher les dignitaires du couvent qui furent nommées et présentées par le Maréchal, et qui conduisirent S. M. dans toute la maison.

Ce Czar avait envoyé sa femme aux eaux de Spa; mais une autre chose que je vous puis affirmer sur les témoignages de Mmes de Rohan, de Salm et de Béthune, c'est que la plupart des dames et des autres suivantes de la Czarine allaitaient des poupons, et que lorsqu'on avait l'air d'y prendre garde, elles vous disaient à l'envi l'une de l'autre, avec un air de fierté jubilatoire : — C'est Sa Majesté l'**Empereur** qui m'a fait l'honneur de me faire cet enfant-là! Les vieilles gens disaient que la Cour de la Reine Christine de Suède était une merveille de bienséance en comparaison de cette sauvagerie tartare. Vous savez ce que mon oncle de Tessé disait au sujet des Portugais et de leurs voisins les Espagnols, et c'était justement ce qu'on avait à dire des Moscovites en les comparant aux Polonais (1).

A notre retour de Normandie, nous trouvâmes établis chez le Maréchal de Tessé qui avait abandonné son bel hôtel de la rue de Bourgogne à son fils, et qui s'était mis en retraite dans l'enclos des incurables, rue de Sèves, nous trouvâmes établis le Grand-Prieur d'Aquitaine et le Commandeur de Tessé, nos arrière-grands-oncles. L'aîné de ces deux frères avait voulu venir à Paris pour y consulter le Docteur la Peyronnie sur une incommodité qui commençait à l'impatienter, et qui consistait principalement dans une sensible diminution d'agilité pour ses membres, et d'activité pour son estomac. Le plus jeune n'était âgé que de 84 ans.

Je vous ai déjà dit que le Grand-Prieur avait perdu l'intelligence du présent avec la prévision du futur, en conservant le souvenir du passé. Il eut de la peine à se représenter la place que je devais occuper sur le tableau généalogique de sa famille; mais il avait conservé quelque souvenir d'une fille aînée de mon pè-

---

(1) En vertu d'un réglement rédigé par le Czar Pierre Ier, article 29, et publié par lui le 4 août 1749, il est expressément interdit et défendu à toutes les Boyardes ou princesses et autres Dames russes, de se présenter au Palais, pour y faire leur cour à l'impératrice, *lorsqu'elles seront ivres*. (*Note de l'Édit.*)

re, qui était morte long-temps avant ma naissance ; il m'en accorda la survivance, et je me trouvai casée dans son cerveau centenaire avec douze ou quinze ans de plus. Il était continuellement préoccupé, depuis son arrivée, de Mme la Duchesse d'Angoulême, qu'il voulait aller visiter à son couvent du Val-de-Grace, et qui gisait depuis trois ou quatre ans dans une chapelle sépulcrale de cette abbaye. On lui répondait tristement qu'elle était morte en 1715 ; il s'en affligeait tout le reste du jour, mais il ne s'en souvenait plus après son réveil du lendemain, ce qui lui causait une désolation quotidienne et nous faisait éprouver une contrariété journalière. Il avait toujours été l'ami de cette Duchesse, et l'on voyait à sa manière d'en parler que le sentiment qu'il avait eu pour elle était celui d'une vénération profonde. Je vous dirai que son mari le Duc d'Angoulême (Charles de Valois, Comte d'Auvergne et de Ponthieu), était fils naturel de Charles IX et de Marie Touchet, et qu'étant veuf de Charlotte de Montmoency, fille ainée du duc Henry Ier, il avait épousé en l'année 1644 (à l'âge de 72 ans), Françoise de Nargonne-Mareuil qui mourut 69 ans après son mari, et laquelle Duchesse d'Angoulême avait été la contemporaine et l'intime amie de mon grand oncle. Comme elle a vécu cent trente-neuf ans après le Roi son beau-père et que j'aurais pu voir la belle-fille de Charles IX, puisque j'avais de 13 à 14 ans lorsqu'elle est morte, j'ai pensé qu'il ne serait pas sans curiosité ni sans intérêt pour mon petit-fils de lui consigner sous les yeux une pareille singularité chronologique.

Quand le Grand-Prieur était mis sur le chapitre

de ce Duc d'Angoulême, il en rapportait des choses inconcevables; et notablement sur son arrogance a l'égard des Bourbons, dans lesquels il ne voyait autre chose que des cadets parvenus. Il en était resté au temps des Valois, et n'en voulut pas revenir sous le règne de Louis XIII. Son hôtel était un lieu de refuge assuré pour tous les malfaiteurs qui payaient de fortes pensions à ses gens de livrée, et quand les archers entreprenaient d'y pénétrer, on les y recevait à coup de mousquet. Le parlement décrétait contre eux, et le Roi ne manquait pas d'évoquer l'affaire à son conseil, où l'on détruisait le dossier, tant les Bourbons avaient conservé d'égards et de considération respectueuse pour les Valois! Il me semble qu'on voit percer dans tous les vieux écrivains du temps d'Henri IV et même de Louis XIII, un sentiment de regret douloureux et d'attachement profond pour cette race brillante, auprès de qui la branche de Bourbon n'était encore considérée pendant mon enfance et par les vieilles gens que comme une famille de Gascogne, à l'égal des Comtes de Foix et des Sires d'Albret, par exemple, ou peu s'en fallait! On n'ignorait pas qu'ils ne fussent du sang de France, mais les Valois! François Premier, son fils, et ces trois jeunes princes, à qui nos pères avaient conservé tant d'amour et donné tant de marques de fidélité! — Ah! les Valois! les Valois! disaient mes grands-oncles, en gémissant de concert avec l'ancien Évêque de Soissons qui était fils du Chancelier de la Reine Marguerite, et qui ne manquait jamais à faire célébrer tous les ans (le 4 août) un service funèbre et solennel pour le repos de l'ame d'Henry III.

Le Grand-Prieur me contait un jour que les suisses de l'hôtel d'Angoulême (rue Pavée dans le Marais), avaient eu l'industrie de gagner une fortune énorme en vendant de l'eau du Jourdain pour faire venir du lait aux nourrices en abondance ; mais comme on découvrit que c'était de l'eau de la rivière des Gobelins, qui est malsaine, on les attaqua devant la Tournelle, et le dernier des Valois fut tellement choqué des poursuites exercées contre ses gens qu'il envoya mettre le feu à la maison du premier Président, M. Molé. Les valets de M. le Duc d'Angoulême avaient barré les rues voisines, afin d'empêcher qu'on y portât remède, et la maison du Président fut brûlée tout doucement, à petit feu, l'on pourrait dire, et sans nulle opposition des capucins ni des pompiers du guet, leurs émules. Mon oncle disait aussi que presque toute la fausse monnaie qui circulait dans Paris était débitée par les domestiques du Duc d'Angoulême, et quand le Roi Louis XIII lui commandait de s'en expliquer, — Mais je n'en sais pas davantage que vous, répondait-il ; je donne à loyer, en mon château de Grosbois, une ou deux chambres au diacre Merlin, qui me baille en retour aux environs de sept à huit mille pistoles par an. Je ne me suis jamais enquis de ce qu'il faisait dans ces chambres ; envoyez-y voir le Président Molé ; et Louis XIII ne pouvait s'empêcher d'en rire.

Le Grand-Prieur de Froulay m'a dit aussi que Louis XIV n'aimait pas du tout que les faiseurs d'épîtres et de prologues, ni les auteurs de dédicaces, le tutoyassent en vers pas plus qu'ils ne l'auraient fait en prose : — *Le Roi François Premier ne le souf-*

frit jamais! disait-il un soir chez Mme de Montespan, qui répondit à cela que Despréaux n'avait jamais été qu'un *mal appris*. Mon oncle disait encore que lorsque le roi parlait de l'Angleterre, il disait souvent, avec un grand air de mépris et de sévérité, *cette île mal obéissante!*...

En vous rappelant les cailletages de mes vieux parens sur le Duc d'Angoulême, cela me fait aviser que je ne vous ai rien dit encore de sa petite-fille, la Marquise douairière de Créquy, à laquelle il venait d'arriver une singulière aventure (1).

Anne-Charlotte d'Aumont, Marquise de Créquy-Saint-Pol, était admirablement aimable et gracieuse; et malgré son âge de quarante-sept ans, elle était restée si belle avec l'air si jeune, que tous les jeunes gens du meilleur goût s'en préoccupaient amoureusement. Il y avait parmi ses laquais un grand garçon qui se disait Provençal, et qu'elle avait accepté sur

---

(1) Elle était veuve depuis l'année 1702, de François-Joseph de Créquy, lequel avait été tué si glorieusement à la bataille de Luzzara; et c'est le même personnage à qui le Duc de Saint-Simon reproche aigrement d'avoir été, *dès son enfance, un modèle de galanterie raffinée.* Autant vaudrait lui reprocher d'avoir été *naturellement* d'une politesse exquise, et voici ce que Mme de Sévigné nous en rapporte :

« L'autre jour Monsieur le Dauphin tirait au blanc et tira
» fort loin du but. M. de Montausier se moqua de lui, et dit
» tout de suite au Marquis de Créquy, qui est fort adroit : —
» Voyez celui-ci comme il va tirer; mais le petit pendard visa
» d'un pied plus loin que Monsieur le Dauphin. — Ah! petit
» corrompu, s'écria M. de Montausier, il faudra vous étouffer!
» M. de Grignan se souviendra bien de ce jeune courtisan dont
» il nous a conté mille choses pareilles. »

la recommandation de M. le Duc de Richelieu, lequel avait pris la peine de lui écrire de la Bastille, et tout exprès pour lui certifier que c'était un serviteur dont il répondait *comme de lui-même*, car voilà de quels termes il s'était servi. C'était un colosse avec les yeux pers et les cheveux d'un roux ardent; il était, du reste, posé, rangé comme à la baguette, et soigneux à miracle.

On venait de coucher la Marquise de Créquy, dont les femmes étaient déjà sorties, et qui faisait une lecture de piété dans la vie des Saints. Elle entend du bruit à sa porte et voit entrer ce domestique... Elle en écouta, malgré qu'elle en eût, une déclaration tellement insolente et désordonnée, qu'une autre femme en aurait été glacée d'effroi! il s'était muni d'un poignard, et ceci n'était pas plus rassurant que le reste. Mme de Créquy lui dit gentiment: — Comment avez-vous conçu ces idées de violence, et comment ne vous êtes-vous pas aperçu de ma bonne intention pour vous? On n'est jamais arrivé dans l'appartement d'une Dame en pareil costume, et que ne dirait-on pas si l'on vous rencontrait ainsi dans les corridors? Allez donc changer votre linge, et n'oubliez pas de vous renouer les cheveux. — N'oubliez pas non plus, ajouta-t-elle avec un air de coquetterie, n'oubliez pas de vous bien savonner les mains!.....

L'amour est crédule, ainsi que vous aurez peut-être occasion de l'éprouver; l'amoureux s'en va précipitamment, et la voilà qui saute en bas de son lit pour aller verrouiller toutes ses portes, et se barricader jusqu'au lendemain matin.

Il ne reparut pas à l'hôtel d'Aumont, ce protégé

de M. de Richelieu ; mais pensez combien Mme de Créquy fut étonnée quelque temps après, en l'apercevant dans un beau carrosse avec le plastron de l'ordre de Malte !

C'était un Seigneur italien qui s'appelait le Comte Albani, et qui était le neveu du Pape Clément IX ; mais le Duc de Richelieu n'en voulait pas convenir : un lieutenant du Point-d'honneur avait été l'interroger à la Bastille, et il eut l'audace d'écrire au vieux Duc d'Aumont que ce devait être quelque malentendu produit par une illusion d'optique, attendu que cet homme qu'il avait recommandé sortait de chez la Comtesse de Lillebonne, et qu'il avait toujours été le plus parfait des valets jusqu'à cette époque, où sans aucun doute il avait perdu la tête avant de perdre le respect qu'il devait à la Marquise de Créquy.

Ceci n'empêcha pas que le jour où M. de Richelieu sortit de prison, le Marquis d'Aumont (qui n'était âgé que de seize ans) ne le gratifiât d'un bon coup d'épée dans la hanche. Il en faillit mourir par suite de l'hémorrhagie, et l'on avait cru longtemps qu'il en resterait boiteux.

CHAPITRE II.

La Duchesse de Berry, fille du Régent. — Sa vie déréglée. — Sa maladie. — Refus des sacremens par son curé. — Approbation de la conduite du curé par l'Archevêque de Paris. — Violences et fureurs de cette Princesse. — Acte d'hypocrisie ridicule. — Faiblesse du Régent. — Mort de sa fille. — Ignorance de la Duchesse d'Orléans sur sa conduite scandaleuse. — Ses obsèques à Saint-Denis. — La Duchesse de Modène. — La Reine Louise. — L'Abbesse de Chelles et Mademoiselle de Beaujolais. — Mme de Parabère. — Comment elle est traitée par sa famille. — Le Comte Antoine de Horn. — Origine et principale cause de l'animosité que lui portait le Régent.

Les deux années suivantes s'écoulèrent pour moi dans le charme et la sérénité d'un intérieur paisible. Je ne me laissai pas troubler par les fureurs de la Duchesse du Maine, et la conjuration du Prince de Cellamare où M. de Créquy ne risquait rien. Le nouveau président des finances (M. d'Argenson) avait fait payer à mon mari quatorze cent mille livres, objet de ses justes réclamations contre la couronne ; à la vérité, ce fut en actions de la banque de Law et du Mississipi, sur lesquelles on eut quelque chose à perdre, mais le surplus servit à libérer les terres de votre maison, sans être obligé de vendre les miennes ; enfin, la bulle *Unigenitus* avait triomphé du parlement et des Jansénistes, et nous aurions joui d'un bonheur parfait sans les infamies de la régence et les affreux débordemens de la Duchesse de Berry, qui nous humiliaient pour la maison de France, et qui faisaient gémir tous les honnêtes gens.

Cette horrible femme était pour nous comme une sorte de plaie hideuse et honteuse, tous les cœurs en étaient navrés et flétris, et l'on aurait dit qu'il y avait alors dans chaque famille honorable une proche parente qui se serait précipitée dans l'abjection. Je vous assure que ma mère et ma sœur et ma fille auraient été fouettées et marquées en place de Grève, que je n'en aurais pas souffert une irritation plus cuisante et plus douloureuse.

La Duchesse de Berry s'était brûlé le sang et les entrailles par l'abus des liqueurs fortes, elle en tomba malade, et quand le danger fut devenu manifeste, le Curé de Saint Sulpice (c'était le fameux Languet de Gerzy) ne manqua pas de se présenter au Luxembourg, afin d'y remplir ses devoirs de pasteur. Mme de Mouchy lui répondit impertinemment qu'elle n'irait pas l'annoncer à Mme la Duchesse de Berry, parce qu'elle était bien sûre que cette Princesse ne voudrait pas le recevoir. Il ne put rien obtenir de cette misérable. Il déclara tristement qu'il se trouverait obligé d'interdire l'usage des sacremens à la malade, et le bon Curé s'achemina vers le Palais-Royal où M. le Duc d'Orléans le fit introduire immédiatement dans son cabinet. Au bout d'une demi-heure de cette pénible conférence, on vit partir des écuries d'Orléans un carrosse du Prince qui se dirigea sur l'Archevêché pour en ramener le Cardinal de Noailles, à qui M. le Régent

demandait à parler le plus vite possible, et qu'il envoyait conjurer de se rendre au Palais-Royal sans nul retard. M. le Cardinal arriva dans un carrosse à lui, parce que les armes d'Orléans étaient sur l'autre voiture, ce qui déplut souverainement à M. de Ségur, Maître de la garde-robe de S. A. R., et chargé par elle de cette commission. La séance fut longue entre ces deux ecclésiastiques et M. le Régent. Tous les ministres, les conseillers et les courtisans du Palais-Royal en attendaient la fin dans une galerie qui précédait le cabinet du Prince; enfin, la porte s'ouvre, le Cardinal en dépasse le seuil, il se retourne, et là, devant tout ce monde, et tout à côté du Régent qui avait l'air consterné, voici mot pour mot, ce qu'il dit à l'Abbé de Gerzy: — « M. le Curé, en
« vertu de mon autorité comme Archevêque de Paris
« et votre supérieur canonique, je vous défends
« d'administrer, faire administrer ou laisser administrer les sacremens de l'église à Madame la Duchesse de Berry, à moins que M. le Comte de
« Riom et Mme la Vicomtesse de Mouchy ne soient
« partis du Luxembourg, et qu'ils n'en aient été
« congédiés par ordre de cette Princesse. »

Le Cardinal de Noailles avait toujours fait preuve d'austérité, mais c'était pour les doctrines et nullement contre les personnes; il était la douceur et la charité même; ainsi vous pouvez supposer ce que c'était que cette fille du Régent, et quelle était l'effronterie de sa vie scandaleuse?...

Cependant, la Duchesse de Berry se mourait; elle demandait impérieusement à recevoir les onctions avec le saint Viatique, dont le refus la mettait dans un état d'exaspération forcenée. Elle en brisait ou déchirait tout ce qui se trouvait à sa portée ; elle en mordait ses mains, et des extrémités de son appartement, ses pages, ses gardes et jusqu'à ses valets-de-pied, l'entendaient pousser des cris d'outrage et d'imprécation ! de furie ! de rage infernale !

Ce malheureux Duc d'Orléans, qui l'idolâtrait, hélas ! et qui craignait qu'elle ne pût être inhumée comme une chrétienne et comme une Princesse, renvoya M. de Ségur à l'archevêché et au presbytère de Saint-Sulpice, afin d'obtenir du Cardinal et de M. de Gerzy qu'ils se rendissent au Luxembourg, où M. le Régent fut les attendre avec la frayeur dans l'âme et sur le visage. Arrivés et réunis là, tous les trois, refus complet, persévérant, opiniâtre, insurmontable ! Elle ne voulut pas même recevoir son père, qui se tenait collé contre la porte de sa chambre, et qui se mit à pleurer en l'entendant s'écrier qu'il était bien lâche et bien infâme à lui de la mécontenter pour complaire à des cagots, qu'elle allait ordonner qu'on jetât par les fenêtres, et puis c'étaient des juremens et d'autres propos dont M. le Cardinal avait rougi.... Le Régent s'en retourna désespéré. Le Cardinal-Archevêque répéta devant les familiers du Luxembourg ce qu'il avait dit le matin au Palais-Royal, et le Curé s'établit dans une première salle afin d'y rester à portée de veiller au salut de sa paroissienne; ce qu'il exécuta charitablement pendant quatre nuits et cinq jours consécutifs. Il ne sortait de là que pour aller chez lui prendre ses repas, et nous apprîmes qu'il avait toujours eu soin de s'y faire remplacer par ses deux premiers vicaires.

Jugez donc quelle effroyable perturbation dans les choses et les pensées du monde ! car enfin, cette pierre de scandale et d'achoppement ; cette femme d'opprobre et d'anathème, était la petite-fille et la veuve d'un fils de France ! Il y avait à peine quatre ans que Louis XIV avait cessé de régner ! et c'était une personne royale, une fille de Saint-Louis, à qui le clergé de Paris était obligé de refuser sa communion pour les sacremens et les prières, ainsi qu'on aurait fait pour la Desmarres ou la Camargot ! On a dit avec raison que la Régence avait été le premier coup de cloche de la révolution de quatre-vingt-treize.

La jeunesse et la force de tempérament retardèrent la mort de la Duchesse de Berry pour cinq à six semaines, durant lesquelles on apprit qu'elle voulait jouer la comédie de s'être vouée au blanc, comme on aurait fait pour un enfant de quatre mois qui aurait eu des tranchées ; fine tactique ! à celle fin de se ramener l'esprit du peuple, croyait-elle, et pour essayer d'irriter contre le Cardinal et son clergé la bourgeoisie de Paris qui la chansonnait sur sa dévotion prétendue, et qui se moqua d'elle outrageusement. Étant bien assurée que ses parens ne lui permettraient pas d'épouser secrètement M. de Riom, elle ne risquait rien de le demander avec instance à M. son père ; aussi ne lui laissa-t-elle aucun relâche à ce sujet-là. M. le Régent finit par s'en irriter ! Il envoya le favori de sa fille et leur confidente, l'un sur les frontières d'Espagne, à l'armée du maréchal de Berwick, et l'autre en liberté d'aller se faire souffleter en retournant chez son mari, ce qui ne manqua pas d'arriver à Mme de Mouchy qu'on ne voulut recevoir dans aucun couvent. Ce n'est pas qu'elle ne fût en état d'y payer une belle pension, car elle avait acquis aux dépens de Mme la Duchesse de Berry, et de compte fait avec M. de Riom, son complice, environ quatre-vingt mille livres de rente, en inscriptions sur différens états provinciaux, sur le clergé de France, et sur l'Hôtel-de-ville de Paris. Ils en étaient arrivés là par tous les moyens dont les chiens affamés, les renards et les loups dévorans peuvent être capables

Marie-Louise d'Orléans mourut le 22 juillet 1719 au Pavillon de la Muette. A l'ouverture de son corps, on trouva qu'elle était grosse, et l'on ne put trouver aucun prélat qui voulût officier ni même assister à ses funérailles. Mme la Duchesse d'Orléans, à qui l'on ne disait pas grand'chose et qui ne devinait pas le reste, trouva fort mauvais et fort indécent qu'on ne se fût pas conformé à l'usage et qu'on n'eût pas fait proférer une Oraison funèbre; mais le Régent, qui n'ignorait de rien, n'avait pas cette prétention-là pour madame sa fille, et je crois qu'il se trouva bien heureux de ce que les moines de Saint-Denis ne lui avaient pas refusé l'entrée du caveau royal.

Des quatre filles qui restèrent à M. le Duc d'Orléans, il y en eut une qui devint Duchesse de Modène, et qui voulait plaider contre son mari pour cause d'impuissance, et quoiqu'elle en eût plusieurs enfans, tandis que son mari la faisait poursuivre en supposition de paternité. Une autre a été Reine d'Espagne et presque aussitôt veuve que mariée. Elle ne voulait se montrer qu'en chemise, elle ne voulait faire sa société que de ses valets du plus bas étage, et l'on a fini par nous la renvoyer comme une indigne et méchante folle qu'elle était. Venait ensuite l'Abbesse de Chelles (Mme la Duchesse d'Orléans la connaissait assez bien pour avoir absolument exigé qu'on en fit une récluse), et puis arrivait Mademoiselle de Beaujolais, qu'on a fait mourir de chagrin. C'était la plus raisonnable et la plus régulière de la famille; on prétendait qu'elle aimait passionnément et constamment un Infant d'Espagne, et je ne sais comment elle aurait conservé cette passion-là, car elle avait la tête tournée pour le Duc de Richelieu, à qui elle écrivait des choses qui brûlaient le papier. Mademoiselle de Beaujolais était jolie, spirituelle et bienveillante, et malgré son tour d'esprit romanesque et ce que M. son père appelait des enfantillages, tout le monde a regretté cette jeune Princesse. Je n'ai pas cru devoir parler ici de Mme la Princesse de Conty, parce qu'on la menait encore à la lisière à l'époque ou sa sœur aînée venait de mourir en couches.

Immédiatement après la mort de Mme la Duchesse de Berry, on rendit au public de Paris la jouissance du jardin du Luxembourg dont cette Princesse avait fait murer toutes les portes, et voilà qu'un bel après-midi M. de Créquy m'y voulut conduire avec ma grand'mère et Mesdemoiselles de Breteuil. On nous apporte des siéges que nous avions fait demander aux suisses, et lorsque nous sommes assises dans la grand'allée nous y voyons arriver une belle personne élégamment ajustée de mitoyen deuil, avec un habit garni de plumes noires, et des rivières de jayet mêlé d'acier bronzé, tout cela du plus riche et du plus brillant. Elle était environnée d'un essaim de jolis Messieurs, des Abbés, des Mousquetaires et des Conseillers et des Pages, et panachant sur le tout un jeune et beau Prince allemand qui lui donnait la main. (Vous verrez bientôt la mémorable et funeste aventure de ce malheureux étranger qui s'appelait le Comte Antoine de Horn.) Le valet qui portait la robe de cette belle Dame était en livrée d'argent sous cramoisi, ce dont j'avais une idée confuse, et la voilà qui vient s'installer avec tous ses jouvenceaux, précisément à côté de nous sur des chaises de velours et des plians galonnés que lui gardait un gros garçon-rouge de la maison d'Orléans. Elle avait passé devant nous sans nous saluer; ma grand'mère et M. de Créquy n'avaient pas eu l'air de l'apercevoir, et ceci n'empêcha pas mes cousines et moi de l'envisager ou la dévisager à qui mieux mieux. — Dites-moi donc qui c'est? demandai-je à M. de Créquy. — C'est une femme de qualité qu'on n'ose pas nommer devant ses parens, me répondit-il à voix haute. Il se fit un profond silence, et puis la belle dame se mit à dire à un de ces jeunes gens qui venait de lui parler à l'oreille : — C'est, je crois bien, M. Paintendre; ce qu'elle dit en souriant d'un air moqueur et en regardant M. de Créquy. Il est à savoir que ce M. Paintendre était un Écuyer porte-manteau de M. le Duc de Chartres et qu'il avait effectivement un faux air de mon mari, ce qui lui donnait une vanité singulière, tandis que votre grand-père en éprouvait une espèce de contrariété qui me paraissait divertissante. Cette malicieuse femme avait touché la corde sensible, et le point vulnérable. — Bonjour, Marquis de Créquy ! Bonjour, mon cousin ! s'écria très-étourdiment le Comte Antoine. Le Marquis s'inclina sans répondre. — C'est votre tante de Parabère, me dit Mme de Froulay, d'un air de répulsion convulsive; et nous allâmes nous asseoir ailleurs !

Je ne l'ai jamais rencontrée nulle autre part, si ce n'est une fois dans la sacristie de Notre-Dame, et pour une cérémonie dont je vous parlerai plus loin.

La Marquise de Parabère, Marie-Madeleine de la Vieuville de Kermorial, avait si bien fait parler d'elle au temps de la Régence, que la famille de son mari n'a plus voulu porter un nom qu'elle avait flétri. Vous verrez dans les mémoires et les dictionnaires de son temps qu'elle avait nom *Marie de Villeneuve, Anne de la Mothe-Houdancour* et *Françoise Tiracot;* sans compter que les uns la font mourir à la fleur de son âge, et les autres en 1785, ce qui ferait qu'elle aurait vécu plus d'un siècle. Ce que je vous en puis assurer, c'est qu'elle est morte en 1769, âgée de soixante-dix-huit ans, ainsi qu'il appert d'un acte de mon chartrier. Elle était la belle-fille de mon bisaïeul, Henry de Baudéan, Marquis de Parabère et de la Mothe-Sainte-Eraye, Comte de Neuillant-sur-Sèvre, Chevalier des ordres et Gouverneur de Poitou. Son vieux mari, César de Baudéan, Marquis de Parabère, l'avait laissée veuve en 1716; et je vous ai déjà dit que ma tante de Breteuil avait épousé M. de la Vieuville, lequel était le père de cette Marquise et le second fils du Duc de la Vieuville (le Surintendant) ; mais elle était si rejetée loin du monde, que ma tante ne lui rendait seulement pas le salut. — « Des officiers aux gar-« des, ou des chevau-légers, c'est ridicule. Des « Conseillers au Parlement.... c'est inimaginable ! « mais des Laquais ou des Princes du sang, voilà « ce qu'on ne saurait pardonner ! » disait la Duchesse de la Ferté.

On rapportait de Mme de Parabère, que M. le Régent l'avait surprise enfermée dans un cabinet avec ce même Comte de Horn. — Sortez, Monsieur ! lui dit-il avec un air despotique et d'un ton méprisant. — Nos ancêtres auraient dit, sortons ! répondit l'amoureux jeune homme avec une assurance incroyable, et de ce moment-là sa perte fut résolue (1).

(1) Voltaire me citait un jour cette même réponse qu'il venait d'apprendre, et qu'on attribuait au Comte de Chabot envers M. le Prince de Conty. — Mon cher Voltaire, lui répondis-je, il y avait autrefois à Jérusalem un vieux juif qui s'appelait Salomon, et qui disait : *Il n'y a rien de nouveau sous le soleil.*

(*Note de l'Auteur.*)

CHAPITRE III.

La maison, le Prince et les deux Comtes de Horn. — **Leurs caractères.** — Folie héréditaire dans leur famille depuis deux générations. — Jean de Wert, *bâtard* de Horn. — Son petit-fils, gouverneur de Wert. — Incarcération du Comte de Horn dans ce château. — Sa fuite et sa folie. — Le Grand-Forestier de Flandre. — Le Comte de Horn à Paris. — On cherche à l'y capturer. — Son procès. — Démarche de la haute noblesse auprès des juges. — La salutation magistrale. — Requête de la noblesse au Régent. — Liste des signataires. — Conférence avec le Régent. — Ses argumens. — Ses promesses. — Sa parole d'honneur. — Lettre du Duc de Saint-Simon au Duc d'Havré. — Supplice du Comte de Horn. — Billet du Duc d'Havré au Duc de Saint-Simon. — Proposition du Régent au Prince Emmanuel de Horn. — Sa réponse. — Condamnation à mort de 25 gentilshommes bretons. — Noms des suppliciés et des contumaces.

Une des familles les plus anciennes et les plus justement considérées de l'Europe nobiliaire, est sans contredit celle des **Princes de Horn et d'Ovérisque**, Souverains-Comtes de Hautekerke et Grands-Veneurs héréditaires de l'Empire. Ils ont pour agnats les Ducs de Looz et Corswarem, qui sont Comtes souverains de Héristal, berceau de la famille de Charlemagne, et ces deux grandes races ont toujours pris soin de leurs alliances avec une délicatesse attentive.

En 1720, la maison de Horn était composée du Prince régnant, Maximilien-Emmanuel, âgé pour lors de vingt-quatre ans, du Comte Antoine-Joseph, son frère, âgé de vingt-deux ans, d'une sœur Chanoinesse au chapitre de Thorn, et du Grand-Forestier de Flandres leur oncle, lequel avait tué sa femme, Agnès de Créquy, dans un accès de folie. Il est bon d'ajouter ici que la mère de ces deux jeunes gens était une Princesse de Ligne dont le père était devenu fou, et dont le frère était renfermé pour cause de folie. Leurs dernières grand'mères étaient des Croüy, des Créquy, des Montmorency; des Princesses de Bavière, de Lorraine, de Gonzague et de Luxembourg; des Orsini de Bracciano, des Colonna de Palestrine; et d'Aragon-Bénavidès! et Cordoue-Médina-Cœli! Rien n'était comparable à la beauté de leurs quartiers.

Le Prince de Horn était un jeune homme infiniment sage, et qui vivait très-noblement dans les Pays-Bas. Il se tenait habituellement dans son Comté de Baussigny.

Le Comte de Horn, son jeune frère, avait commencé par entrer au service d'Autriche; on lui reprocha d'avoir manqué de respect au Prince Louis de Bade, généralissime des armées de l'Empire; et de plus, il avait donné quelques sujets de mécontentement à son frère aîné qui l'avait fait mettre aux arrêts dans son vieux château de Wert au pays de Horn. C'était le petit-fils du fameux Jean de Wert qui était Stathalter ou gouverneur de cette forteresse (1),

---

(1) Jean, *bâtard* de Horn, Seigneur de Wert, de Nedwert et

et ses mauvais traitemens exaspérèrent tellement le jeune prisonnier, qu'il en tomba dans un état de furie continuelle et d'aliénation complète; on l'enferma dans le même cachot où Jean de Horn, Stathouder de Gueldres, avait emprisonné son père ; ce qui avait fourni à Rembrandt le sujet de cet admirable tableau que Madame avait rapporté d'Allemagne, et qui se voit aujourd'hui dans la collection d'Orléans.

Au bout de six mois d'une captivité si dure, il avait trouvé moyen de s'échapper du château de Wert, après avoir assommé deux de ses geôliers à

de Wesem. Les nouvellistes et les faiseurs de chansons populaires l'avaient rendu célèbre par leurs couplets, dont on parle encore, et qui pourtant sont inconnus aujourd'hui. Voici une de ces fameuses chansons de Jean de Wert avec laquelle on avait bercé votre grand-père, en Artois :

> Jean de Vert était un soudard
> De fière et de riche famille,
> Jean de Vert était un trichard
> Moitié prince et moitié bâtard.
> Petits enfans, qui pleurera?
> Voilà Jean de Vert qui s'avance!
> Aucun marmot ne bougera,
> Ou Jean de Vert le mangera !

> Jean de Vert était un brutal
> Qui fit pleurer le roi de France ;
> Jean de Vert étant général
> A fait trembler le cardinal.....
> Petits enfans, qui pleurera?
> Voilà Jean de Vert qui s'avance!
> Aucun marmot ne bougera,
> Ou Jean de Vert le mangera !

(Note de l'Auteur.,

coups de bouteille; il fit des actes de folie notoire, et finalement il apparut comme une Larve à Baussigny, chez son frère, à qui le gouverneur de Wert avait dissimulé toute chose à l'égard de l'état du jeune Comte et des sévices dont il avait été l'objet. Le Prince de Horn accueillit son malheureux frère avec la compassion la plus tendre et la plus douloureuse; il le fit loger et coucher dans sa propre chambre, où trois domestiques le surveillaient soigneusement le jour et la nuit. Le frère aîné ne manqua pas de casser aux gages le Stathalter de Wert dont les brutalités avaient déterminé la maladie du Comte, et quand cet officier en apprit la nouvelle, il fit révolter les paysans à cinq ou six lieues à la ronde, afin de se maintenir dans son gouvernement : ce qui fit qu'on le mit au ban de l'Empire, et qu'il est mort enfermé dans la tour de Horn-op-Zée. J'ai su par Mme de Salm qu'il y est resté prisonnier jusqu'à l'âge de quatre-vingt-deux ans, et qu'il n'avait cessé de battre et d'assommer pendant qu'il avait pu contracter ses poings et soulever un bâton. Si ce n'avait été le souvenir et la reconnaissance des nations germaniques pour la mémoire de son grand-père, il aurait été pendu cent fois au lieu d'une seule. La Princesse de Salm-Kirbourg était votre parente et mon intime amie; elle était la fille aînée de ce même Prince de Horn, et c'est d'elle que je tiens les présens détails avec la plupart de ceux qui vont suivre.

La douceur et les bons traitemens, le bon régime et surtout les marques d'affection qu'il recevait de son frère, avaient produit un effet très-salutaire sur le Comte Antoine; il avait fini par retrouver sa raison, mais la plus faible contrariété lui portait ombrage; la violence avait toujours couvé dans le fond de son caractère, et sa famille observait encore avec lui les ménagemens les plus lénitifs et les plus assidus.

Ce fut dans cette disposition-là qu'il s'échappa des Pays-Bas pour s'en venir à Paris, où du reste il avait des intérêts de fortune à régler pour une part dans la succession de la Princesse d'Épinoy; ce qui lui valut de prime abord une grande maison sur le Quai des Théatins avec une belle terre en Picardie. Il s'était empressé de venir faire visite à votre grand-père qui le reçut très-poliment, mais qui ne voulut pas me le présenter, parce qu'il ne nous apportait point de lettres de son frère aîné. Nos frères et nos maris l'aimaient beaucoup et lui donnaient dans leurs appartemens les plus jolis soupers du monde; ils le conduisaient dans leurs loges à tous les spectacles; mais nous ne le rencontrions jamais que dans les églises, où il venait régulièrement assister à notre sortie pour se faire nommer et désigner les personnes qu'il ne connaissait pas. Il était impossible de ne pas le remarquer dans la haie qui se formait sur notre passage, et ne fût-ce qu'à raison de sa taille. Il était régulièrement beau quoique fort pâle; il avait des yeux ardens comme l'enfer, et dont nous avions peine à soutenir la témérité. On savait qu'il était en plein rapport de connaissance intime avec Mesdames de Parabère et de Lussan, de Plénœuf et de Prie, ce qui donnait matière à des lamentations charitables et *désintéressées* dont M. de Créquy se divertissait beaucoup.

Comme ce galant et beau jeune homme avait eu quelquefois la précaution de se déguiser pour sortir la nuit, les racoleurs pour le Mississipi l'avaient déjà saisi plusieurs fois pour le diriger du côté du Hâvre-de-Grâce ; on aurait dit qu'ils le guettaient particulièrement, et comme on l'avait maltraité dans le lieu de dépôt où se rassemblaient ces racoleurs, votre grand-père en fut porter plainte à l'ancien Garde-des-Sceaux, qui, bien qu'il se fût retiré des affaires, n'en avait guère moins de crédit et d'autorité. M. d'Argenson lui répondit mystérieusement : — Ne vous en mêlez pas, sinon pour le faire quitter Paris. Je ne sais rien, je n'y puis rien ; mais il est perdu s'il ne s'en va pas ; voilà tout ce que j'en puis dire.....

C'était dans la semaine de la Passion, je ne l'oublierai jamais ! On vient avertir M. de Créquy que le Comte Antoine est à la Conciergerie du Palais depuis vingt-quatre heures, et qu'il est question de le traîner devant la Tournelle à propos d'un assassinat. On va s'informer, et l'acte d'accusation portait réellement que le Comte de Horn avait poignardé dans la rue Quincampoix un agioteur, un colporteur d'actions sur la banque de Law : c'était un juif, un usurier, c'était une chose inexplicable. Votre grand-père, à qui les paroles de M. d'Argenson donnaient à penser, s'empressa de convoquer à l'hôtel de Créquy tous les parens et alliés de la maison de Horn. On se rendit en députation chez le Premier Président de Mesmes, où l'on apprit à n'en pouvoir douter que le juif était mort, et que le Comte de Horn était convenu de l'avoir frappé d'un coup de couteau. La consternation fut grande, et l'on agita si l'on irait avant toute chose en parler à M. le Régent, ce qui ne fut pas adopté. On décida qu'il fallait commencer par solliciter les magistrats, à qui l'on eut soin de faire connaître l'extraction, la maladie, le caractère et les malheureux antécédens du Comte de Horn. La veille de son jugement, nous nous rendîmes en corps, à titre de parens de l'accusé, et au nombre de 57 personnes assez considérables, ainsi que vous allez voir, dans un long corridor du Palais qui conduisait à la chambre où se tenait la Tournelle, afin d'y saluer les juges à leur passage. Ce fut une triste chose pour moi ; tout le monde en avait bon espoir, à l'exception de Mme de Bauffremont qui était encore une autre femme à *seconde vue*, comme on dit en Écosse, et nous en éprouvions toutes les deux un pressentiment sinistre avec un serrement de cœur affreux.

Je m'empresserai de vous dire en courant que cette action d'aller *saluer les juges* était une étrange cérémonie. Ceux-ci nous avaient attendus dans le cabinet de Saint Louis, afin de se trouver réunis pour recevoir nos salutations qu'ils nous rendirent en défilant devant nous, et faisant à chacune et chacun de nous une profonde révérence à la manière des femmes; et je dois ajouter que la coutume a toujours obligé les hommes de robe à saluer ainsi, quand ils se trouvent en habit long. Il en est également pour les Chevaliers du Saint-Esprit sous le manteau; ce qui déterminait toujours les pères et mères à faire entrer dans l'éducation des jeunes seigneurs de mon temps l'exercice des révérences *au plié* (comme pour nous autres), et c'était en expectative et prévision plus ou moins fondée pour l'obtention du collier de l'ordre. On maintenait les garçons en jaquette longue aussi long-temps qu'on pouvait, souvent jusqu'à l'âge de 13 ou 14 ans ; c'était suivant l'ennui qu'ils en prenaient et les persécutions qui s'en suivaient de leur part ; mais jusqu'à ce qu'ils fussent habillés en hommes, ils ne saluaient jamais qu'au plié comme de petites filles.

Il est résulté de l'information, que le Comte de Horn avait confié pour quatre-vingt-huit mille livres d'actions de la banque à cet usurier (dont le vrai nom n'a seulement pas été légalement reconnu), lequel usurier lui voulait nier le dépôt, et s'était brutalement emporté contre son noble et fier créancier jusqu'à l'avoir frappé sur le visage. La scène avait eu lieu dans une salle d'auberge où le Comte venait d'entrer pour y chercher cet agioteur, et c'était là, que transporté de colère, il avait saisi sur la table un couteau de cuisine, dont il avait fait à cet homme une assez légère blessure à l'épaule. Un Piémontais nommé le Chevalier de Milhe, et frère d'un Écuyer de la Princesse de Carignan, avait achevé ce juif à coups de poignard, après laquelle expédition il s'était emparé de son portefeuille, dont il avait inutilement prié le Comte de Horn de vouloir bien se charger, pour aller s'en partager le contenu, au prorata de ce que l'usurier pouvait leur devoir à l'un et l'autre en conséquence de ses filouteries. Voilà toute l'affaire, ainsi qu'il est prouvé

par les débats et les pièces au procès Je sais très-
bien que notre version n'est pas tout-à-fait conforme
à celle du Régent et de l'abbé Dubois, mais vous
conviendrez que ce n'est pas une raison pour qu'elle
ne soit pas la plus sincère et la plus véritable? Le
Comte de Horn était certainement punissable, et de
Milhe avait bien mérité la mort; mais ceci n'empêche
pas que M. Law et M. Dubois, protecteurs naturels
des agioteurs et des filoux de la rue Quincampoix où
se tenait la foire du système, n'aient employé les
moyens les plus *étrangement odieux* pour obtenir de
la Tournelle une sentence inique, exécrable, atroce!
Toujours est-il que, sans tenir compte à ce malheureux étranger de ce qu'il avait été volé, provoqué
par un outrage et frappé sur la figure; de ce qu'il
était à peine rétabli d'une aliénation de cerveau, de
ce que la blessure qu'il avait faite était peu de chose
et n'avait pu déterminer la mort; enfin, de ce qu'il
n'avait jamais, jusque-là, ni vu ni connu ce meurtrier piémontais, et de ce qu'il avait constamment
refusé, non seulement d'ouvrir, mais encore de
toucher au portefeuille.—Le supplice de la Roue...
Je n'y saurais penser, encore aujourd'hui, sans horreur pour le Régent!

Aussitôt que l'arrêt fut prononcé, nous prîmes le
deuil, nous nous réunîmes en même nombre et au
même lieu que le jour précédent. On discuta pendant à peu près une heure. . . . .
. . . .(*Lacune d'une vingtaine de lignes.*). . . .
. . . .
nous établir dans la salle des Gardes, et nous fîmes
remettre au Régent la requête suivante, à l'effet d'en

obtenir, tout au moins, la commutation du supplice infamant de la Roue contre celui de la prison perpétuelle. . . . .

. . . . mieux n'aimait évoquer la procédure au Grand-Conseil.

Voici donc la copie de notre supplique avec la liste des signataires qui furent admis pour la présenter à titre de parens de la maison de Horn. C'était un détail embarrassant de toute manière, et non moins pour le rejet ou l'admission des signataires que pour la rédaction d'une supplique au nom d'un Prince étranger. Votre grand-père, était assiégé de sollicitations vaniteuses, afin d'être inscrit au nombre des parens, ce dont il référait prudemment à la décision du Prince de Ligne. (Le Maréchal de Villeroy ne pouvait se consoler de n'avoir pas été compris dans cette convocation à l'hôtel de Créquy!)

REQUÊTE

DES PARENS DE M. LE PRINCE ET DE M. LE COMTE DE HORN A M. LE RÉGENT.

» MONSEIGNEUR,

« Les fidèles sujets ou vassaux de sa MAJESTÉ
« dont les noms suivent ont l'honneur d'exposer
« humblement à votre ALTESSE ROYALE,

« PREMIÈREMENT,

« Que le Comte Ambroise de Horn, Grand Fores-
« tier de Flandres et de Cambresis, est privé depuis

« dix-sept ans de l'usage de sa raison et de sa li-
« berté! Il est assez connu que dans un accès de
« frénésie, il a causé la mort de Madame Agnès-
« Brigitte de Créquy, son épouse, et que les cours
« souveraines de Flandres et de Brabant ne l'ont
« pas considéré comme justiciable d'une autre loi
« que celle de l'interdiction. Il appert des certificats
« ci-joints, 1° que le dit Seigneur Comte se refu-
« sait opiniâtrément, tandis qu'il était au château de
« Loozen, à prendre aucune autre sorte de nourri-
« ture que de la chair crue; 2° qu'il réservait la
« ration du vin qu'on lui apportait journellement,
« jusqu'à ce qu'il en eût en assez grande quantité
« pour se pouvoir enivrer; 3° qu'il s'est blessé dans
« la journée du 4 avril 1712, au moyen d'un cro-
« chet de fer qu'il a essayé de se faire entrer dans
« la gorge, et qu'il en est résulté une perte de sang
« dont il a failli perdre la vie; 4° qu'ayant trouvé
« moyen de s'enfuir dudit château de Loozen, il
« a rencontré sur le chemin deux capucins de Ru-
« remonde, lesquels il a commencé par maltraiter
« furieusement en les voulant obliger à renier Dieu.
« Il était armé de quatre pistolets chargés qu'il avait
« enlevés à des voyageurs. L'un de ces Religieux,
« effrayé mortellement par la violence du malheu-
« reux Comte, avait eu la faiblesse de prononcer
« certaines paroles d'apostasie que sa folie supédi-
« tait, il lui fit sauter la cervelle en lui disant qu'il
« n'était qu'un misérable apostat et qu'il était juste
« d'envoyer au diable. L'autre moine ayant tenu
« ferme, il n'en fut pas moins tué d'un coup de
« pistolet cet aliéné disant qu'il irait droit

dis, et qu'il en faisait un martyr de la

« SECONDEMENT,

« Que le Prince Ferdinand de Ligne et d'Amblise,
« Major-Général des armées impériales, est sous
« la curatelle du Prince, son frère, comme étant
« légalement interdit pour cause de folie, depuis
« l'année 1717.

« TROISIÈMEMENT,

« Que le père de la feue princesse de Horn et
« d'Overisque avait perdu l'usage de la raison de-
« puis environ trois années, lors de l'époque de
« son décès.

« QUATRIÈMEMENT,

« Que le Comte Antoine-Joseph de Horn et du
« Saint-Empire, âgé de 22 ans, est fils légitime et
« puiné de Philippe V, en son vivant Prince de
« Horn et d'Overisque, Souverain-Comte de Baus-
« signy, de Hantekerke et de Bailliol, Stathouder
« héréditaire des provinces de Gueldres, de Frize et
« de West-Frize, Prince et Grand-Veneur hérédi-
« taire du Saint-Empire Romain, Grand d'Espagne
« de la première classe, Amiral héréditaire de
« Zéelande, etc., et de son épouse Antoinette
« Princesse de Ligne ;

« Que le comte Antoine de Horn est le petit-fils
« utérin du Prince de Ligne, le neveu utérin du
« Prince Ferdinand d'Amblise, et le neveu con
« sanguin du Grand Forestier, le Comte Ambroise
« de Horn, ci-dessus précités ;

« Qu'il a été attaqué lui-même d'une maladie
« reconnue par les médecins brabançons, comme
« aussi par les autorités judiciaires des Pays-Bas
« autrichiens, comme ayant tous les caractères
« d'une aliénation mentale, ainsi qu'il appert des
« productions annexées à la présente requête des
« supplians.

Cinquièmement,

« Que si les soussignés n'entendent pas entrer d'a-
« bord en discussion sur le fond et les formes de
« l'arrêt qui vient d'intervenir contre le même Comte
« Antoine, c'est uniquement par bienséance, et
« nullement par estime ou respect pour la chose ju-
« gée, se réservant tous moyens que de raison pour
« obtenir justice en faveur de leur dit parent.

« A CES CAUSES, il plaise à votre ALTESSE ROYALE
« obtenir du ROI, notre Souverain Seigneur (*tout
le reste de la requête est la ritournelle de procédure que
je n'ai pas besoin de copier, puisque je vous en ai dit la
substance*).

« Étant de VOTRE ALTESSE ROYALE, avec respect,
« les très-humbles et très-obéissans serviteurs et ser-
« vantes,

CLAUDE, PRINCE DE LIGNE.
JEAN DE CROY, DUC DE HAVRECH.
ANNE-LÉON DE MONTMORENCY.
JOSEPH DE MAILLY MARQUIS D'HAUCOURT.
LOUIS, SIRE ET MARQUIS DE CRÉQUY.
PROCOPE, COMTE D'EGMONT, DUC DE GUELDRES ET DE
CLÈVES.

† L'Archevêque et Prince d'Embrun.

Joseph de Lorraine, Prince de Guyse.

Charles, Duc de la Trémoille et Prince de Tarente.

Charles de Lorraine, Prince de Montlaur.

† L'Archevêque Duc de Rheims.

Charles de Lorraine, Sire de Pons.

Guy Chabot, Comte de Jarnac.

Charles Roger, Prince de Courtenay.

Anne de la Trémoille Comte de Taillebourg.

René de Froullay, Maréchal Comte de Tessé.

† Le Cardinal de Gesvres-Luxembourg.

Antoine de la Trémoille, Duc de Noirmoustier, tant en notre nom qu'en celui de Joseph-François Cardinal de la Trémoille, Archevêque et Duc de Cambray.

Louis de Rohan, Prince de Soubise et d'Espinoy.

Antoine-Nompar de Caumont, Duc de Lauzun.

Louis de Bauffremont, Marquis et Comte de Listenois.

Emmanuel-Théodose de la Tour d'Auvergne, Duc de Bouillon, d'Albret et de Chateau-Thierry.

Hugues de Créquy-Canaples, Vidame de Tournay.

† Armand-Gaston, Cardinal de Rohan.

† Henry de la Tour d'Auvergne, Abbé général de Cisteaux.

Louis de Mailly, Marquis de Nesle.

Henry-Nompar de Caumont, Duc de la Force.

Louis de Rougé, Marquis du Plessis-Bellière.

François de Lorraine, Évêque et Comte de Bayeux.

H. de Gontaut-Biron, pour M. mon père, malade.

Charles de Rohan, Prince de Guémenée.
Louis de Bourbon, Comte de Busset.
Emmanuel de Bavière.
Louis, Duc de Rohan-Chabot.
Paul de Montmorency, Duc de Chastillon.
Just de Wassenaer, Burgrave de Leyde.
Claire-Eugénie de Horn, Comtesse de Montmorency-Logny.
Marie de Créquy, Princesse de Croy.
Charlotte de Savoye.
Éléonore de Nassau, Landgrave de Hesse.
Henriette de Durfort-Duras, Comtesse d'Egmont.
Victoire de Froullay, Marquise de Créquy.
Charlotte de Lorraine d'Armagnac.
Geneviève de Bretagne, Princesse de Courtenay.
Marie-Thérèse de Montmorency, Comtesse de Dreux de Nancré.
Hélène de Courtenay, Marquise de Bauffremont.
Marie de Gouffier, Comtesse de Bourbon-Busset.
† Blanche de Lusignan, Abbesse de Saint-Pierre.
Charlotte de Mailly, Princesse de Nassau
Marie Sobieska, Duchesse de Bouillon.
Françoise de Noailles, Princesse de Lorraine.
Marie de Créquy, Comtesse de Jarnac.
Marguerite de Ligne et d'Aremberg, Marquise douairière de Berg-op-Zoom.
Elizabeth de Gonzague, Duchesse de Mirande.
La Princesse Olimpie de Gonzague.
Marie de Champagne, Comtesse de Choiseul.
Anne du Guesclin, douairière de Goyon.

Il avait été résolu que chacun signerait cette requête en arrivant chez M. de Créquy, sans avoir égard à l'exigence ou la prétention des préséances, et quand on apprit que cette liste se trouvait composée des noms les plus éclatans en illustration, il y eut bon nombre de gens qui furent contrariés de ne pas s'y trouver inscrits ; ce dont il est résulté des bouderies, des fâcheries et même des brouilleries à n'en pas finir, car cinquante ans après ceci, la Duchesse de Mazarin se plaignait encore d'un *affront* que son père avait reçu par M. de Créquy, disait-elle. Je ne me souvenais de rien, mais je finis par découvrir que c'était au sujet de cette requête.

Le Régent nous avait fait introduire dans la salle du conseil dont ses principaux officiers nous firent les honneurs, et ceci dans un profond silence. Dix minutes après, il nous fit avertir qu'il attendait nos Députés dans son cabinet, et ce furent le Cardinal de Rohan, le Duc d'Havré, le Prince de Ligne et votre grand-père qui furent lui présenter notre supplique. La chose avait été convenue d'avance. Tous les visages exprimaient un sentiment d'anxiété profonde ; on voyait au recueillement de certaines femmes qu'elles s'étaient mises en prières, et je me souviens que cette bonne Princesse d'Armagnac s'était mise à réciter son chapelet.

Le Duc d'Orléans commença par dire à ces Messieurs que celui qui pourrait lui demander la grace du criminel (c'est le mot dont il se servit) serait plus occupé de la maison de Horn que du service du Roi. M. de Créquy le supplia de vouloir bien écouter notre requête. — En vous accordant qu'il puisse être fou, répliqua le Régent, vous serez obligés de convenir que c'est un fou furieux dont il est juste et prudent de se débarrasser. — Mais, Monsieur, lui riposta brusquement le Prince de Ligne, il est possible qu'un prince de votre sang devienne fou ; le ferez-vous rouer s'il fait des folies ?.... Le Cardinal vint s'interposer entre eux, et supplia Son Altesse Royale de vouloir bien prendre en considération que l'application d'une peine infamante aurait l'inconvénient d'atteindre non-seulement la personne du condamné, et non-seulement toute la maison de Horn, mais encore toutes les généalogies des familles princières et autres, où se trouverait un quartier de ce nom diffamé, ce qui causerait un notable préjudice à la plus haute noblesse de France et de l'empire, en lui fermant l'entrée de tous les Chapitres nobles, Abbayes princières, Évêchés souverains, Commanderies Teutoniques, et jusqu'à l'Ordre de Malte, où toutes ces familles ne pourraient faire admettre leurs preuves et faire entrer leurs cadets jusqu'à la quatrième génération. — Monsieur ! s'écria le Prince de Ligne, j'ai dans mon pennon généalogique quatre écussons de Horn, et par conséquent j'ai quatre aïeules de cette maison ! il me faudra donc les gratter et les effacer de manière à ce qu'il en résulte des lacunes et comme des trous dans nos preuves ! Il n'existe pas une famille souveraine à qui la rigueur d'un pareil arrêt ne fasse injure, et tout le monde sait que dans les trente-deux quartiers de Madame votre mère, il y a l'écu de Horn !........ Ce fut alors votre grand-père qui vint se jeter à la traverse, et le Régent lui répondit tout doucement : — J'en partagerai la honte avec vous, Messieurs. (Il n'est pas vrai qu'il ait dit ; *quand j'ai du mauvais sang, je me le fais tirer.*)

Voyant qu'on ne pouvait obtenir la grâce, on fut obligé de se rabattre sur la commutation de la peine, et sitôt qu'il fut question de faire couper la tête au lieu de faire mourir sur la roue, le Cardinal de Rohan se retira de la négociation. En le voyant rentrer dans la salle où nous étions, nous nous doutâmes bien qu'on discutait sur une question où le Cardinal ne pouvait participer comme ecclésiastique, et ceci nous parut un augure affreux. M. de Créquy ne voulut pas non plus solliciter autre chose que la détention perpétuelle, il revint nous joindre un quart d'heure après M. le Cardinal, il était d'une pâleur effrayante, et nous restâmes ainsi jusqu'à près de minuit, sans nous parler. C'était le samedi, vigile des Rameaux.

Il fut convenu, résolu, non sans peine et sans difficulté entre M. le Duc d'Orléans et le Duc d'Havré à qui son cousin de Ligne rompait continuellement en visière, il fut accordé que S. A. R. allait faire écrire et sceller des lettres de commutation qui seraient expédiées au procureur-général le lundi-saint, 25 mars, avant cinq heures du matin. Suivant la même promesse et la *parole d'honneur* de ce prince, on devait dresser un échafaud dans le cloître de la Conciergerie où l'on ferait décapiter le Comte de Horn, dans la matinée du même jour, incontinent après qu'il aurait reçu l'absolution.

Le Régent vint nous saluer en sortant de son cabinet. Il embrassa la vieille Mme de Goyon qu'il avait connue dans son enfance, et qu'il appelait sa bonne tante. Il voulut bien me dire qu'il était *charmé* de me voir au Palais-Royal, ce qui n'était guère à propos dans la circonstance où l'on m'y voyait pour la première fois ; de plus il reconduisit les Dames jusqu'à la porte de la deuxième salle, mais il eut soin de laisser entrevoir que c'était à cause de la Duchesse de Bouillon, c'est-à-dire en l'honneur du Roi de Pologne Jean Sobieski.

Si la faveur qu'il venait de promettre était une sorte de consolation, elle ne soulagea que le Prince de Ligne, qui songeait bien autrement à la préservation de ses quartiers qu'il ne tenait à la vie de son neveu. Ce malheureux jeune homme ne voulut se laisser visiter que par le jeune Évêque de Bayeux et par M. de Créquy. Il venait de recevoir la communion lorsque votre grand-père entra dans la chapelle de la Conciergerie, où le Comte Antoine était agenouillé devant la sainte table, et où l'on achevait une messe des morts qu'il avait fait dire à son intention (ceci n'est pas dans la règle canonique, et ne laisse pas d'être usité dans les Pays-Bas). Il dit à M. de Créquy : — Mon Cousin, j'ai le corps de N. S. Jésus-Christ sur les lèvres, et je vous proteste de mon innocence, en tant qu'il s'agisse d'une intention de meurtre (il ne daigna pas aborder cette infâme supposition du vol). Il détailla toute son affaire avec simplicité, clarté, résignation, courage ; il ajouta qu'une chose inexplicable pour lui, c'est qu'après avoir mangé ce qu'on lui fournissait de la prison avant de le conduire à ses interrogatoires, il avait toujours éprouvé comme une sorte de vertige et d'incohérence avec une animation fébrile. — Mes réponses ont dû s'en ressentir, disait-il, et ce ne sont pas mes juges qui répondront devant Dieu de ma condamnation........ Il fit promettre à ces deux messieurs d'aller voir son frère, afin de lui témoigner qu'il était mort en protestant de son innocence, et qu'il était mort en bon chrétien. Du reste, *il n'était pas fâché de mourir :* voilà ce qu'il a répété cinq à six fois devant ses deux cousins sans jamais dire pourquoi ni comment? Il y avait quelque chose de fatidique et de mystérieux dans l'ame de ce jeune homme : c'était comme dans sa figure et sa destinée!

M. de Créquy s'en fut trouver le bourreau de Paris qui logeait à la Villette, afin de lui recommander le patient du lendemain. — Ne le faites pas souffrir, lui dit-il, ne lui découvrez que le col, et précautionnez-vous d'un cercueil de bonne fabrique où j'irai faire ensevelir son corps avant de le conduire à sa famille. Le bourreau promit de le traiter avec tous les ménagements possibles, et lorsque votre grand-père voulut lui faire prendre un rouleau de cent louis d'or, il ne le put jamais. — Je suis payé par le Roi pour remplir mon office, répondit cet exécuteur de la haute justice humaine. — Ah oui, mon Enfant, de la haute justice et de la plus haute œuvre, en vérité, quand il est question de mettre à mort une créature de Dieu! un si beau jeune homme, un pécheur,... un prince!.....

Le bourreau dit encore à mon mari qu'il avait refusé précisément la même somme, qu'on avait entrepris de lui faire accepter, il y avait deux jours, avec la même intention pour la même per-

M. de Créquy rentra chez nous dans un état d'affliction qu'on ne saurait décrire. Il se mit au lit sans vouloir souper, et lorsque j'entrai chez lui pour lui donner le bon soir, je le trouvai qui ruminait sur une lettre que venait de lui envoyer le Duc d'Havré, laquelle il avait reçue du Duc de Saint-Simon, familier du Régent. Voici la copie de cette lettre dont j'ai toujours conservé l'original.

Lettre du Duc de Saint-Simon au Duc d'Havré.

« Je pars pour la Ferté, suivant mon usage, au temps de
» Pâques, mon cher Duc. Je n'ai point manqué de représenter
» à M. le Duc d'Orléans la considérable et totale différence qu'il
» y avait en Allemagne et aux Pays-Bas, entre les effets des dif-
» férens supplices, comme aussi le dommage affreux qui résul-
» terait de celui-ci pour une maison si noble et si grandement
» alliée. La grace de la vie me paraissant inespérable, à raison
» des manœuvres de ces deux hommes que vous savez, si conni-
» vens dans les choses de l'agiot et si fervens pour la sécurité
» des agioteurs, sans quoi leur papier tomberait certainement
» plus bas que terre; j'ai sollicité vivement et j'ai eu le bonheur
» d'obtenir, je m'en flatte, et j'espère au moins, que cette peine
» infamante de la roue, serait commutée en celle d'être déca-
» pité, ce qui n'applique en aucun pays aucun cachet d'infamie,
» et ce qui laissera l'illustre maison d'Horn à lieu de pourvoir
» à l'établissement de ses filles et de ses cadets, s'il y en a. M. le
» Duc d'Orléans m'a confessé que j'avais toute raison ; j'ai pris
» sa parole à l'égard de cette commutation de peine, et je dois
» penser que c'est une chose assurée. J'ai même eu la précaution
» de lui dire, en nous séparant, que j'allais partir le lendemain
» et que je le conjurais de ne pas mettre sa parole en oubli, vu
» qu'il allait se trouver assailli par deux hommes qui sont achar-
» nés à la roue et qui lui pourront altérer la vérité sur l'effet
» à prévoir de cette horrible exécution. Il m'a fermement pro-
» mis de tenir ferme, et ce qui m'inspire le plus de confiance
» dans sa résolution, c'est qu'il m'a donné, pour vouloir te-

« nir, une quantité d'excellentes raisons dont je ne m'étais pas
» avisé moi-même. Je puis vous assurer qu'il m'a parlé de bon
» aloy, et que, sans cela, j'aurais eu la précaution de remettre
» mon départ. Vous savez combien je vous suis acquis, mon cher
» Duc.
» Saint-Simon. »

Imaginez ce que nous éprouvâmes, et figurez-vous, si vous le pouvez, quelles furent notre stupéfaction, notre abattement douloureux et notre indignation contre le Régent, lorsque nous apprîmes le mardi-saint, 26 mars, à une heure après midi, que le Comte de Horn était exposé sur la roue en place de Grève, depuis six heures et demie du matin, sur le même échafaud que le Piémontais de Milhe, et qu'il avait été soumis à la torture avant d'être supplicié.

Votre grand-père se fit habiller en uniforme d'officier-général avec ses cordons sur l'habit ; il demanda six valets en grande livrée, fit atteler deux carrosses à six chevaux, et partit pour la place de Grève, où, du reste, il avait été devancé par MM. d'Havré, de Rohan, de Ligne et de Croüy. Le Comte Antoine était déjà mort, et même on eut lieu de penser que le bourreau avait eu la charité de lui donner le coup de grâce avant huit heures du matin (sur la poitrine). A cinq heures après midi, c'est-à-dire aussitôt que le juge commissaire eut quitté son poste au balcon de l'Hôtel-de-Ville, ces Messieurs firent détacher, et même aidèrent à détacher, eux-mêmes, les restes mutilés de leur parent. Personne à l'exception de M. de Créquy, n'avait pensé à se précautionner d'une voiture de suite. On fit entrer ces débris informes dans un de nos carrosses, et c'était justement celui qui était à mes armes de communauté. Il avait été convenu entre mon mari et moi qu'on apporterait le cadavre chez nous, et j'avais déjà fait tendre une salle basse où l'on disposait un autel, quand on vint me dire que Mme de Montmorency-Logny revendiquait ce douloureux privilége, en nous priant d'observer qu'elle était née Comtesse de Horn. . . . .

. . . .

. . . . . *(Il se trouve ici dans le manuscrit une lacune d'un feuillet formant deux pages).* . . . .

. . . . depuis le retour de M. de Saint-Simon, à qui M. d'Havré répondit par le billet suivant.

« Mon cher Duc,

» Je reçois avec reconnaissance et je comprends fort bien les
» regrets que vous avez l'obligeance de m'exprimer. Je ne sais
» s'il est vrai que la Marquise de Parabère ait obtenu du bour-
» reau de Paris l'acte de charité qu'on lui prête, mais ce que je
» sais très bien, c'est que la mort du Comte de Horn est un ré-
» sultat de la fausse politique, de la fiscalité, de la *rouerie*, et
» peut-être de la jalousie de M. le Duc d'Orléans. Vous con-
» naissez mes sentimens particuliers pour vous.

» CROY D'HAVRECH. »

Si l'on avait recueilli tout ce qui fut écrit à cette occasion contre le Duc d'Orléans, on en formerait cent volumes. Le Régent ne tarda pas à s'en repentir, et quand il se vit en butte à l'animadversion de toute l'Europe, il imagina de restituer au Prince de Horn les biens confisqués sur ce malheureux Comte Antoine qu'il avait laissé rouer vif, au mépris de sa parole d'honneur. Voici la réponse du Prince à S. A. R., ainsi qu'elle nous fut rapportée par M. de Créquy lorsqu'il revint de son triste pèlerinage aux Pays-Bas avec le Prince François (l'Évêque de Bayeux).

« Monseigneur,

» Cette lettre a pour objet, non pas de vous reprocher la mort
» de mon frère, quoique Votre Altesse Royale ait violé dans sa
» personne les droits de mon rang et de sa nation, mais pour vous
» remercier de la restitution de ses biens que je refuse ; je serais
» bien autrement infâme que lui si j'acceptais jamais aucune
» grace de vous. J'espère que Dieu et le Roi de France traiteront
» un jour V. A. R. ou sa famille, avec plus de charité que vous
» n'en avez montré pour mon malheureux frère, et je suis l'af-
» fectionné pour faire service à Votre Altesse Royale.

» EMMANUEL, PRINCE DE HOORNE.

» A Baussignies, ce 5 juillet 1720. »

Ce qui ne fut pas moins extraordinaire en tout ceci, c'est que la conduite de M. le Duc d'Orléans parut si révoltante et devint l'objet d'une indignation si générale et si bien appliquée, que l'opinion publique épousa la querelle de sa victime, et que la famille du supplicié n'en souffrit d'aucune manière en son honneur et sa considération. Les filles de son frère ont épousé des princes de l'Empire, et toutes fois que les quartiers de Horn ont été présentés pour les grands chapitres, et même pour les bénéfices électoraux, tels que les Archevêchés de

Mayence, de Cologne et de Trèves, personne ne s'est avisé de supposer ni de leur opposer qu'ils pussent être notés d'infamie en vertu des lois germaniques et de la coutume de Brabant. (1)

« Ce bon Régent qui gâta tout en France, » nous a dit M. de Voltaire avec un faux air de reproche, qui n'est que de l'hypocrisie philosophique et qu'une flatterie déguisée, ce bon Régent, disons-nous donc, n'avait pas manqué de rappeler en grâce le Duc et la Duchesse du Maine (dont il avait toujours frayeur), en même temps qu'il faisait poursuivre et condamner à mort 25 gentilshommes bretons (dont il ne craignait rien), parce qu'ils avaient comploté de concert avec le Duc et la Duchesse du Maine. C'était MM. de Rohan de Polduc, le Comte et le Chevalier du Groasker, les Barons de Rosconan, de Molac-Hervieux, de Penmarch et de Kerentrey-Goello, M. de Talhoët, Seigneur de Boisorand; M. de Talhoët, Seigneur de Bonamours; les Chevaliers de Bourgneuf-Trevellec, de Kerpedron, de Villegley, de la Béraye, du Kroser, de la Houssaye-le-Forestier et de Lambilly. On fit grâce de la peine de mort à MM. du Liscoët, de Kersoson, de Roscoët, de Becdelièvre-Boissy, de Keranguen-Hiroët, de Kervasy, du Coarghan, de Fontaineper et de Salarieuc; mais ce fut pour les condamner à la pri-

(1) Il est à remarquer que Mme de Créquy nous a fait envisager le caractère et la catastrophe du Comte de Horn sous un jour tout-à-fait nouveau. On verra, dans les pièces justificatives de ses mémoires, un curieux document qui confirme pleinement la plupart des faits avancés par elle. Le caractère de ce document diplomatique est officiel. (*Note de l'Éditeur.*)

son perpétuelle, et du reste il est à considérer que leurs juges avaient été, non pas des magistrats du Parlement de Bretagne, mais des commissaires établis par Dubois, lequel avait forcé le président de Rochefort et le Procureur-Général de la Bédoyère à sortir de ce Parlement. On ne manqua pas de remarquer que l'exécution des Seigneurs du Coëdic, de Pontcallec, de Talhoët et de Montlouix, à qui l'on trancha la tête sur la place de Nantes, avait eu lieu le même jour, et précisément à la même heure où l'on avait supplicié le comte de Horn à Paris. La mémoire de tous ces malheureux gentilshommes a été réhabilitée, et j'ai remarqué que tous les jugemens prononcés par des commissaires de la Régence ont été cassés postérieurement. Je ne doute pas que le Prince de Horn n'eût obtenu la même justice pour la condamnation de son frère, mais il aurait fallu reconnaître la juridiction du Parlement de Paris sur un Prince allemand, ce qu'il ne voulait ou ne pouvait pas accorder.

CHAPITRE IV.

Mme de Parabère. — Tous ses galans périssent malheureusement. — Mort du Chevalier de Breteuil et autres. — La Maréchale de Luxembourg, alors Duchesse de Boufflers. — La Maréchale de Mirepoix, alors Princesse de Lixin. — Sa passion pour le jeu. — Magnificence de l'hôtel de Luxembourg. — Éloge de Mme de Flahaut. — Mlle Quinaut, Chevalier de l'ordre de Saint-Michel. — La Comtesse de Vertus. — Le Marquis de la Grange et ses procès. — M. de Vaudreuil et M. de Chassé. — Mme du Deffant, alors Mlle de Vichy. — Son étrange aventure au couvent. — Conduite admirable de M. d'Argenson. — Mariage de Mlle de Vichy. — La Comtesse de Bourbon-Busset chez Mme du Deffant. — M. Lyonnais, le médecin de chiens. Il doit prendre le nom de Courtenay. — Les Mottier de Lafayette. — Mot de Louis XV à propos de leur généalogie. — Extinction de l'ancienne maison de Lafayette dans celle de la Trémoille.

La fureur des duels était si fort encouragée par la faiblesse et l'incurie du Duc d'Orléans, qu'on n'entendait parler que de jeunes gens tués ou blessés, et toutes les familles en étaient dans l'inquiétude ou la désolation. La nôtre eut à regretter la perte du Chevalier de Breteuil, qui était le plus aimable jeune homme du monde, et qui fut tué par un de ses camarades au régiment des gardes. Il était le jeune frère de l'Évêque de Rennes et du Marquis de Breteuil-Fontenay, que nous verrons un jour Ministre de la guerre. C'était encore un des amis les plus favorisés de Madame de Parabère, et l'on ne saurait imaginer combien elle en avait perdu de la manière la plus tragique ou de mort violente. C'était je ne sais combien de jeunes officiers tués en duel, deux gentilshommes bretons décapités, un Chevalier de Malte noyé pendant ses caravanes, un premier Page de MADAME assassiné dans un fiacre, des Abbés qu'on assassinait à sa porte, un conseiller qui s'empoisonnait avec des champignons, un petit jeune homme qu'on avait jeté par les fenêtres, et par-dessus tout ce malheureux Antoine de Horn! On disait qu'elle portait malheur aux jeunes gens; mais dans certains cas on avait eu lieu de s'en prendre à la jalousie plutôt qu'à *l'influenza perniciosa* ou la fatalité simple et pure.

Un autre duel horriblement scandaleux, fut celui du Prince de Lixin avec le Marquis de Lignéville, oncle de sa femme. Celui-ci fut tué par M. de Lixin, qui fut tué par le Duc de Richelieu, comme je vous le dirai plus tard. C'est la Princesse de Lixin, née Beauvau de Craon, qui est devenue la Maréchale-Duchesse de Mirepoix, et j'aurai souvent l'occasion de vous parler d'elle. Ce fut également, si je ne me trompe, à la fin de l'année 1724, que nous fîmes connaissance avec notre jeune et jolie cousine de Villeroy qui sortait du couvent pour épouser le Duc de Boufflers (1). Étant devenue veuve, elle épousa le Duc de Luxembourg, et j'aurai toujours mille choses

---

(1) Madeleine-Angélique de Neuville, fille de Nicolas, Duc de Villeroy, veuve en premières noces de Joseph-Marie Duc de Boufflers, et femme de François de Montmorency, Duc de Piney-Luxembourg et Maréchal de France. (*Note de l'Aut.*)

à vous en dire. Ces deux spirituelles personnes étaient mes parentes et mes contemporaines les plus rapprochées de mon âge et les mieux établies sur un même rang; ainsi nous aurions dû naturellement rester bonnes amies et traverser notre longue vie dans une intimité continuelle; mais si la Maréchale de Luxembourg a bien fini, la Duchesse de Boufflers avait mal commencé, ce qui fait que je ne l'ai revue familièrement que dans sa vieillesse. La Princesse de Lixin s'était toujours conduite le mieux du monde; mais la Maréchale de Mirepoix allait souper chez Mme du Barry, d'où vient qu'elle avait abdiqué les amitiés et les principales relations de sa jeunesse. C'était la personne la plus naturellement gracieuse et la plus distinguée, noblement; mais c'était la femme du monde la mieux calculée pour son profit ou son agrément personnel, où dominait toujours le besoin qu'elle avait d'argent, et de beaucoup d'argent, car elle aurait fait dévorer dix royaumes aux banquiers du Passe-Dix et du Vingt-et-Un. Elle n'avait jamais éprouvé ni pu comprendre d'autre passion que celle du jeu. Si la Maréchale de Mirepoix avait joué moins malheureusement ou plus modérément, on peut être assuré qu'elle se serait maintenue dans la convenance et la dignité les plus parfaites. Mais puisque je vous ai parlé de la Duchesse de Boufflers, autant vaut-il que je vous la fasse connaître étant Duchesse de Luxembourg et dans toute sa gloire; autant vaut que ce soit aujourd'hui qu'un autre jour; ainsi je vais anticiper sur mon récit, que nous reprendrons chronologiquement à l'époque de l'ambassade de mon père et de notre voyage en Italie.

Il y a eu dans Paris pendant le même temps et durant long-temps trois vieilles personnes qui jouissaient à peu près de la même apparence de considération, mais dont l'existence sociale et la consistance étaient pourtant bien différentes en réalité. La première était la Maréchale de Luxembourg, dont il est impossible de se figurer quel était le bon goût, le bon esprit, le grand air et la parfaite amabilité. Elle était devenue dévote un peu tard, et peut-être parce que rien ne sied aussi bien que la dévotion à une femme qui approche de la soixantaine; mais ensuite elle était restée dévote de très-bonne foi, sans aucune espèce d'exigence ni d'affectation, ni de pédanterie. La Maréchale avait sûrement plusieurs imperfections, mais la seule chose qui parût à reprendre dans ses habitudes sociales, était une préoccupation si continuelle et si démesurée de la grandeur, et tranchons le mot, de la prétendue supériorité de la maison de Montmorency, qu'elle en aurait paru ridicule, si elle avait eu moins de finesse dans le tact et moins d'habileté dans la manœuvre.

En attendant qu'on eût fait justice de cette vanité sans consistance, M. de Voltaire et toute la séquelle philosophique avaient pris les prétentions de la Maréchale au sérieux : car j'ai remarqué que c'est à dater de la Maréchale et de ses prétentions que la renommée des Montmorency a pris dans l'opinion du vulgaire une importance exagérée, contre qui la haute noblesse a toujours eu soin de protester, et c'est Mme de Coislin qu'il faut entendre là-dessus (1) !

(1) Marie-Anne-Adélaïde de Mailly-Rubemprey, veuve de

Il est certain que les Mailly, les La Tour-d'Auvergne, les Clermont-Tonnerre et les Rohan surtout, valent MM. de Montmorency, pour le moins! Il est vrai que Mathieu de Montmorency avait épousé la veuve de Louis-le-Gros, mais il est assez connu que c'est parce qu'il était beau garçon, qu'il était jeune, et que la reine était une vieille folle. Enfin leur titre de Premier-Baron-Chrétien est une qualification qu'ils ont fabriquée, car le titre originel et véritable est celui de « premier baron de la vicomté, prévôté et *chrétienté* de Paris; » ce qui veut dire premier feudataire de l'*évêché* de Paris, tout simplement. La Maréchale avait si bien épousé la famille de son second mari, qu'elle ne pouvait supporter aucune autre prétention nobiliaire que celle de ses Montmorency qui l'absorbaient, et c'est au point que son propre frère, lui parlant un jour de la perte de son fils unique, après qui sa famille allait s'éteindre, et sa duché-pairie s'en aller à vau-l'eau; et pendant qu'il en gémissait auprès d'elle, en lui disant avec amertume : — Il n'y aura plus de Villeroy : — Eh bien, Monsieur, lui répondit la Maréchale, on fera comme il y a trois cents ans, on s'en passera.

Sa maison, ses ameublemens, sa table et ses nombreuses livrées, ses équipages et surtout sa chapelle et sa salle du dais, enfin toute chose de chez elle était

---

Pierre-Armand du Cambout des Ducs de Coislin, Marquis de Pontchasteau, Comte de Karheil et premier Baron de Bretagne. Elle est morte octogénaire, en 1819, à Paris, où elle était citée pour l'originalité de son esprit, et surtout pour sa disposition naturelle au dénigrement. (*Note de l'Éditeur.*)

d'une magnificence admirable. Elle avait pour son usage personnel un nécessaire de table en or massif, et la collection de ses tabatières était la plus splendide et la plus curieuse chose du monde. Au milieu de toutes ces dorures et de ces grands portraits de connétables, avec tous ces lions de Luxembourg et ces alérions de Montmorency, on était d'abord un peu surpris en apercevant une petite bonne femme en robe de taffetas brun, avec le bonnet et les manchettes de gaze unie à grand ourlet, sans bijoux et sans aucune espèce d'étalage ou de franfreluches. Mais en approchant, c'était une physionomie si animée, et si bien tempérée pourtant, un visage si noble et si régulier encore, une attitude modeste, mais presque royale on pourrait dire, avec un propos si spirituellement varié, si naturellement poli, si digne et si fin tout à la fois, qu'on l'écoutait et la regardait continuellement avec un plaisir inexprimable.

Le costume des vieilles femmes de ce temps-là avait un grand avantage pour elles, et c'était celui de ne ressembler en aucune manière à celui des jeunes femmes de leur temps, avec lesquelles on ne se trouvait jamais à lieu d'établir une comparaison, toujours si défavorable aux douairières ! Les vieilles femmes étaient alors des espèces de figures à part, on les jugeait sans penser à leur sexe qui n'existait plus pour les idées de galanterie, non plus que pour la toilette. Les pauvres vieilles femmes de mon temps me font grand'pitié quand je les vois avec des bonnets fleuris, des fichus menteurs et tout leur attirail juvénile, qui fait qu'on les compare involontairement avec leurs petites-filles, et qu'on les trouve horribles, en toute justice ! Je ne doute pas que le manque de respect, ou pour mieux dire, l'impertinence des jeunes gens d'aujourd'hui pour les vieilles femmes, ne provienne, en grande partie, de leur sot accoutrement; car enfin l'on ne saurait exiger ni s'attendre à ce que des étourneaux puissent distinguer la différence qui se trouve entre la docilité pour l'usage et la prétention ridicule. Une vieille femme est habillée comme une jeune personne ; cette vieille femme est ridicule à cause du parallèle ; elle est ridicule et c'est tout au moins, car la plus légère apparence de prétention doit la faire paraître odieuse, abominable, et je n'ai jamais pu m'expliquer autrement la réprobation universelle et le décri général où sont tombées les pauvres vieilles femmes. J'en connais qui n'osent pas s'habiller raisonnablement de peur que les enfans ne leur jettent des pierres quand elles descendent de voiture à la porte des églises, ce qui serait encore pire que de les coudoyer et de leur marcher sur les pieds dans les salons. Tant il y a qu'on est bien malheureuse d'être une vieille femme par le temps qui court, et que je ne m'en consolerai jamais !

On ne saurait avoir mieux dépeint la Maréchale de Luxembourg que ne l'a fait M*** de Flahaut dans un de ses jolis romans, et son mérite est, suivant moi, d'autant plus grand, qu'elle n'avait jamais été de la société de la Maréchale, à beaucoup près. Ce n'est pas chez son père, M. Filleul, ni chez son beau-père Labillarderie, qu'elle aura pu trouver le type du meilleur goût dans le plus grand monde, qu'elle a deviné sans l'avoir connu, et l'on a beau me répéter que c'est une femme d'esprit, la chose ne m'en paraît pas moins inexplicable.

On disait jadis que les hommes de très-bonne compagnie perdaient quelquefois la finesse de leur tact et le ton de la cour, quand ils avaient des habitudes prolongées avec des femmes d'un ordre inférieur, et l'on disait que ces mêmes femmes acquéraient souvent l'usage du grand monde avec les bonnes manières et le bon goût qu'on avait laissé tomber dans leur société, ce qui faisait, du moins, que le bon goût perdu ne l'était pas pour tout le monde; mais on disait aussi que tout cela n'était qu'un vernis pour la décoration, qu'en y regardant de proche ou long-temps, on voyait pointer sous les repeints les couleurs de l'ancien tableau, et qu'à la moindre contradiction, par exemple, il arrivait des explosions de paroles vulgaires avec un déluge de faits et gestes, et quelquefois des emportemens *vindicatifs* qui paraissaient d'une trivialité surprenante !..... C'est une sorte d'observations que je n'ai pas été à lieu de vérifier; mais quant à cette perfection dans les manières, qui se trouvait quelquefois partagée entre les plus grandes dames et quelques femmes de la condition la plus inférieure, il me semble que c'est une transition toute naturelle pour arriver de la Maréchale-Duchesse de Montmorency-Luxembourg à Mlle Quinault, chez qui ma grand'mère, qui n'était pas moins grande dame que Mme de Luxembourg, ne manqua pas de me mener faire une visite, avec un ton d'égards et de solennité polie qui coulait de source et qu'on aurait bien de la peine à simuler aujourd'hui. Voilà, vous en conviendrez, une fameuse période. J'ai cru n en pas finir, et ma plume en est hors d'haleine.

A propos des Montmorency, je ne vous en ai pas dit tout ce que j'avais sur le cœur, et pendant que je les tiens par les cheveux, je veux vous en raconter quelque chose encore, de peur de l'oublier. Mme la Vicomtesse de Laval s'avisa de vouloir un jour singer sa défunte cousine de Luxembourg, et voilà qu'elle écrivit le billet suivant au Maréchal de Ségur, qui était pour lors ministre de la guerre, et qui ne voulait pas confier le commandement d'un régiment au fils de Mme la Vicomtesse : « Je ne sais, Monsei-
« gneur, si vous avez lu l'histoire de notre maison,
« mais vous y verriez qu'il était plus facile autrefois
« à un Montmorency d'avoir l'épée de connétable,
« que d'obtenir aujourd'hui des épaulettes de colo-
« nel, etc. » Le Maréchal de Ségur lui répondit fort à propos qu'il avait lu l'histoire *de France*, et qu'il en concluait que MM. de Montmorency avaient toujours été traités *suivant leur mérite*. On se moqua joliment de cette outrecuidante personne, avec sa rabâcherie des connétables et son histoire des Montmorency, par M. des Ormeaux ou par M. du Chêne; je ne sais plus lequel des deux, mais je sais bien que c'est la plus ennuyeuse histoire du monde (1).

Mme Quinault, ou plutôt Quinaut, suivant la

---

(1) Catherine-Jeanne Tavernier de Boullogne, fille de Guillaume Tavernier, Ecuyer, Sieur de Boullogne, et Trésorier de l'extraordinaire des guerres. Elle est mariée, depuis l'année 1765, à Mathieu-Paul-Louis de Montmorency-Laval, premier Gentilhomme de la chambre de Monsieur, frère du Roi, et Gouverneur des ville et château de Compiègne. (*Note de l'Aut.*)

prosodie française, était une vieille fille qui vivait d'une pension sur la cassette, et qui descendait du fameux Quinaut des satires et de l'Opéra. Tout le monde savait qu'elle avait débuté sur le même théâtre; mais il était convenu que personne ne devait s'en souvenir ou s'en tenir pour assuré, et qu'il fallait toujours rompre les chiens quand le vent du cor de chasse allait donner de ce côté-là. On convenait qu'elle avait été *l'intime amie* du Duc de Nevers, lequel était Mancini, le neveu du Cardinal Mazarin, et le père du vieux Duc de Nivernais d'aujourd'hui : vous voyez que Mlle Quinaut ne datait pas de la veille. On disait qu'elle avait été fort jolie; mais ce qui la rendait nompareille, était une intelligence du monde avec un esprit de conduite incomparable. Il s'était trouvé que Mlle Quinaut n'aimait pas l'argent, et qu'elle aimait par-dessus tout ce qu'on appellerait aujourd'hui *la supériorité dans les relations.* Elle avait donc ajusté ses flûtes et dressé toutes ses batteries de manière à se trouver en rapport de société permanente, et sur pied d'égalité quasi-complète, avec les *sommités sociales* de son temps les plus escarpées et les plus inabordables. On ne savait trop comment elle avait pu faire son compte; mais toujours est-il qu'elle avait obtenu le collier de l'ordre de Saint-Michel avec une pension considérable, et puis qu'elle avait obtenu un logement superbe, au Louvre, dans l'appartement de l'Infante, et sur le jardin du côté de la Seine, en plein midi, pour qu'il n'y manquât rien. Toujours est-il aussi que de proche en proche, et depuis le vieux Duc de Nevers jusqu'à Mme la Comtesse de Toulouse et M. le Duc de Penthièvre, qui formaient l'assemblage éminent de toutes les vertus cardinales, et qui distillaient la dignité, la convenance et la formalité les plus officielles, tout ce qu'il y avait de plus puissant, de plus illustre à la cour et de plus considérable à la ville, à commencer par le Grand-Banc du Parlement et à finir par le Doyen des Maîtres-des-comptes, tout cela, dis-je, arrivait à tour de rôle et révérencieusement dans le salon de Mlle Quinault, qui avait le bon esprit de ne vouloir jamais sortir de chez elle, et qui vous disait humblement qu'elle ne prenait la liberté de faire de visites à personne. Mais n'y parvenait pas qui voulait, dans les salons de l'Infante ! Et la fameuse Mme d'Épinay, par exemple, avait eu bien de la peine à trouver quelqu'un dans sa société qui fût assez en crédit pour la faire arriver jusqu'à Mlle Quinaut ! Enfin les choses étaient arrivées à ce point de perfection, qu'on n'aurait pas voulu manquer à lui présenter les nouvelles mariées dont le Roi, sa famille et les Princes du sang royal avaient signé les contrats, privilége qu'elle ne partageait qu'avec l'Archevêque, le Gouverneur de Paris et Mme l'Abbesse de Saint-Antoine, qui était alors une Princesse de Condé. On voit que ce n'est pas seulement d'aujourd'hui qu'il s'est trouvé des femmes exclusivement et continuellement occupées à se procurer une sorte de consistance factice et d'importance empruntée (telles que Mme de Montesson, par exemple).

Nous trouvâmes donc Mlle Quinaut bien assise et bien établie sous ses voûtes royales,

> Superbement dorées et peintes,
> Ainsi qu'au Louvre il appartient.

comme dit Scarron. Elle était en habit de damas noir et gris, parce que la cour était en demi-deuil, et sa robe était sur un grand panier; elle avait bon air et bonne grace autant qu'il est possible, mais elle n'avait pas de rouge comme nous autres, et c'est ici qu'aurait commencé le ridicule avec l'usurpation. J'ai déjà dit que Mlle Quinaut était décorée de l'ordre de Saint-Michel : c'était à raison d'un superbe motet qu'elle avait composé pour la chapelle de la Reine, et c'était, je crois bien, la première femme à qui l'on eût donné le cordon noir, dont on a gratifié depuis Mme Saint-Huberty, quand elle a épousé le Comte d'Entragues. Lorsque nous entrâmes chez Mlle Quinaut, elle s'y trouvait côte à côte avec M. le Duc de Penthièvre, qui était le petit-fils de Louis XIV, ainsi que vous savez; avec la Duchesse-douairière de Bouillon, la Princesse de Soubise et sa sœur la Landgrave de Hesse, Mademoiselle de Vertus, le Vidame de Vassé, le Grand-Prieur d'Auvergne, le Comte d'Estaing; enfin tous les illustres de Mme du Deffant, et tous les mirliflors de l'hôtel de la Reynière n'auraient paru que du frétin en comparaison de tous les obélisques de haute noblesse et tous les faisceaux de puissant crédit que nous trouvâmes rangés autour de Mlle Quinaut.

Il faut vous dire que Mademoiselle de Vertus était une vieille princesse de la maison de Bretagne, et, je crois, la dernière de sa maison, avec laquelle nous étions brouillés pour je ne sais quel procès qu'elle avait soutenu contre nous avec le Marquis de la Grange, qui était son neveu et le plus endiablé chicaneur de la terre (1). Voilà tout ce que j'ai su jamais de ce procès-là; mais tant il y a que nous

(1) François-Joseph le Lieure (ou Le Lièvre, comme on l'écrit à présent), Marquis de la Grange-le-Roy, de Fourilles et d'Attilly, Lieutenant-Général, Commandant des mousquetaires de la garde du Roi Louis XV, etc. Il était de même famille que cet inflexible et courageux Jean Le Lieure, avocat-général au Parlement de Paris, sous les règnes de Louis XII et de François Ier, lequel avait entrepris de s'opposer à l'enregistrement du Concordat avec Léon X, en dépit du Pape et du Roi, ce qui n'aboutit qu'à l'empêcher d'être Chancelier de France. C'est une des familles les plus immensément riches du royaume, et c'est une famille de la plus vieille robe, ce dont il résultait toujours que tous les présidens et conseillers des anciennes familles du Parlement étaient obligés de se récuser et de s'abstenir de siéger sur les fleurs-de-lys quand on jugeait ses procès. Les plus minimes et les plus nouveaux dans la magistrature avaient la vanité d'imiter en cela Nosseigneurs du grand-banc; c'était le bel air du Parlement de Paris, et il n'y avait si mince conseiller des requêtes ou des enquêtes qui ne montrât la prétention de se faire récuser comme parent, toutes les fois qu'on avait à juger un procès du Marquis de la Grange, ce qui ne manquait pas d'arriver souvent. Il avait épousé Mademoiselle de Méliand, dont le grand-père avait été le successeur de mon père dans ses deux ambassades de Suisse et de Venise. La présidente de Méliand de Choisy, femme de cet ambassadeur, était Mademoiselle Bossuet, nièce de l'Évêque de Meaux, et nous disions qu'elle tenait beaucoup moins de l'aigle que de l'oie. Comme nous sommes restés tout-à-fait brouillés par suite de nos procès pour la succession des Comtes de Vertus et de la Princesse de Courtenay, je ne sais si le Marquis de la Grange existe encore aujourd'hui?

*(Note de M*me *de Créquy.)*

L'auteur de ces mémoires a commis ici, contre son ordinaire, une légère inexactitude; car d'après l'*Histoire des grands-officiers de la couronne*, le Marquis de la Grange ne pouvait pas être le neveu et devait être le cousin-germain de Mademoiselle de Vertus, laquelle était fille d'Anne-Judith Le Lieure de la trouvant brouillés, je n'avais jamais vu **Mademoiselle de Vertus**, non plus que Mlle Quinaut, ce don' il arriva le quiproquo le mieux conditionné. J'attaquai d'abord de conversation Mademoiselle de Vertus, auprès de qui j'étais assise, à qui je fis toutes sortes de gracieusetés, et qui répondit à mes politesses avec un air surpris et touché, car c'était une excellente et sainte personne; et pendant ce temps-là ma grand'mère, qui conversait avec la Dame au cordon noir, que je prenais pour quelque Chanoinesse de Remiremont, me regardait avec un air d'inquiétude extraordinaire, et elle me dit en nous en allant qu'elle n'avait pas douté que je ne fusse devenue folle.

Mademoiselle de Vertus m'ayant trouvée si bien disposée pour elle, ne douta pas que je méritasse une marque de son bon souvenir : nous étions parentes, et l'on me dit qu'elle s'attendait à recevoir ma visite; mais elle mourut à la peine au bout de quatre ou cinq mois, après avoir eu l'attention d'ajouter à son testament un codicile, au moyen duquel il vint tomber subito dans ma petite cassette de nouvelle mariée, une somme de quarante mille francs en beaux louis d'or, et cela parce que j'avais pris Mademoiselle Anne de Bretagne, Comtesse de Vertus et Pair de France, pour Mlle Quinaut, simple che-

---

Grange, fille du Président Thomas Le Lieure, Marquis de la Grange et de Fourilles, aïeul dudit François-Joseph, dont parle Madame de Créquy. Il est mort à Paris en 1808, âgé de 82 ans. Il était le père du lieutenant-général Marquis de la Grange, ancien commandant des mousquetaires, etc.

(*Note de l'Édit.*)

valier de l'ordre du Roi. Vous pouvez juger des félicitations que je m'adressai pour avoir été si prévenante et si bonne parente à mon insu! Et comme il faut tâcher de tirer quelque moralité de toute chose, vous pourrez juger qu'autrefois, quand on avait été bien polie, ce n'était pas toujours en pure perte, du moins!

A propos de cadeaux imprévus, de générosités singulières et de Mlle Quinaut, je vous dirai que, long-temps après ceci, la Maréchale de Mirepoix, qui recevait toujours et ne donnait jamais rien, me montra pourtant un superbe cachet qu'elle allait lui envoyer pour étrennes. — Comment donc, lui dis-je, un cachet armorié pour Mlle Quinaut? — Et pourquoi donc pas, mon cœur? me dit la Maréchale avec un sérieux imperturbable : Mlle Quinaut n'est-elle pas fille de condition? son grand-père avait été anobli par le feu Roi. On voit passer aujourd'hui dans toutes les rues des armoiries à couronnes de Comte et de Baron qui ne valent pas mieux que les siennes, et, du reste, c'est le Président d'Hozier de Sérigny qui me les fait blasonner d'après son registre. — Et l'Opéra? lui répondis-je. — Ah! l'Opéra....... n'en parlez donc pas; on dirait que vous êtes méchante. Et, du reste, on ne déroge pas à la noblesse en jouant à l'Opéra. M. Le Moine, ajouta-t-elle en souriant, M. Le Moine, Écuyer, Sieur de Chassé et premier chanteur à l'Académie royale de musique, est le cousin germain de M. de Vaudreuil (1);

---

(1) Louis-Philippe Rigaut, dit le Comte de Vaudreuil, et l'un des mieux venus à la nouvelle Cour. Quand il a épousé Mlle Durant

mais, d'après l'épigramme de mon neveu de Boufflers, il paraît qu'il est un peu baissé le sieur de Chassé. Elle est jolie cette épigramme :

> Avez-vous entendu Chassé
> Dans la pastorale d'Issé?
> Ce n'est plus cette voix tonnante,
> Ni ces gammes du haut en bas ;
> C'est un gentilhomme qui chante
> Et qui ne se fatigue pas (1).

Pour terminer complètement la biographie, le panégyrique et l'apothéose de Mlle. Quinaut, je vous dirai que les Princes du sang ne manquèrent pas d'envoyer leurs principaux officiers et leurs équipages à son enterrement, qui fut superbe. Les armes

et qu'il a marié sa sœur à M. Gentil, on a vu dans leurs publications qu'il était fils de Louis-Philippe Rigaut et de Catherine Le Moine. Voyez Moreri, tome VIII, page 206.
(*Note de l'Auteur.*)

(1) Tout donne à penser qu'il s'agit du célèbre Chevalier de Boufflers dont la mère, Marie-Françoise de Beauvau, Marquise de Boufflers-Rumiencourt, était la sœur de la Maréchale de Mirepoix. Mme de Créquy rapporte ailleurs les jolis vers suivans qu'on attribuait à cette dame et qu'elle appelle *la semaine de Mme de Boufflers*

> Dimanche je fus aimable,
> Lundi je fus autrement,
> Mardi je pris l'air capable,
> Mercredi je fis l'enfant,
> Jeudi je fus raisonnable,
> Vendredi j'eus un amant,
> Samedi je fus coupable,
> Dimanche il fut inconstant

que lui avait données la maréchale de Mirepoix s'y voyaient partout (1).

Il me reste à vous parler de la Marquise du Deffand, qui n'était déjà plus jeune à l'époque où je l'ai rencontrée dans le monde, et qui s'y trouvait établie sur un certain pied d'importance et de considération qui confondait certaines personnes, au nombre desquelles étaient le Maréchal d'Estrées, et surtout la Duchesse d'Harcourt; ils paraissaient en savoir beaucoup plus qu'ils ne voulaient en dire ; et j'ai toujours pensé qu'ils se taisaient par égard pour les parens et amis de cette méchante aveugle. Voici une anecdote absolument inconnue de ses biographes, et même de ses ennemis ; je la tiens du Baron de Breteuil, alors ministre de la maison du Roi, qui la tenait lui-même de l'ancien Lieutenant de police.

Mlle de Vichy de Champron était pensionnaire au couvent de la Madeleine de Traisnel, au faubourg Saint-Antoine; elle était jolie comme un ange, et n'était pas alors âgée de plus de seize ans. M. d'Argenson, le Garde-des-Sceaux, connaissait la supérieure de cette maison, qui était une fille d'esprit et de mérite, et qui s'appelait, je me souviens parfai-

---

(1) Michelle-Adrienne Quinaut, qualifiée Noble Damoiselle des fiefs et seigneuries de Lahyre en Valois et de la Frennetière-sous-Clermont, Chevalier de l'ordre royal de Saint-Michel, pensionnaire de S. M., membre de l'académie des Arcades de Rome, etc. Il ne faut pas la confondre avec sa nièce Nicole-Julie Quinaut, pour laquelle sa tante avait obtenu un logement dans un bâtiment de servitude au Louvre, où elle est morte en 1795.

(*Note de l'Auteur.*)

tement du nom, Mme de Véni d'Arbouze. C'était un grand événement dans une communauté, qu'une visite de M. le Garde-des-Sceaux, qui n'en faisait à personne, et qui n'allait jamais qu'au pas dans les rues, tout seul au fond d'un grand carrosse et sur un fauteuil à bras, escorté par ses hoquetons et suivi par un autre carrosse avec la cassette où l'on gardait les sceaux de France, et de plus, par trois Conseillers Chauffe-Cire, qui ne le quittaient non plus que son ombre ou sa croix du Saint-Esprit. La Supérieure vint le recevoir au parloir.—Je n'ai pas le temps de m'arrêter, lui dit-il en la saluant, vous avez ici la fille du Comte de Champron?— Oui, Monseigneur. — Je vous conseille de la renvoyer à ses parens secrètement, sans bruit et le plus tôt possible; je n'ai voulu dire ceci qu'à vous-même. Adieu, Madame (1). C'était M. d'Argenson qui avait organisé la police de Paris, et voilà comme on faisait la police dans ce temps-là. La religieuse était restée dans un état d'alarme et de saisissement inexprimable. L'inquiétude la prit avec plus de force encore au milieu de la nuit; elle se rendit à la cellule de la pensionnaire où elle ne trouva personne, et d'où elle ne sortit que lorsque la demoiselle y fut rentrée, c'est-à-dire à quatre ou cinq heures du matin. On n'a jamais appris ce qui fut dit entre elles; mais la supérieure écrivit le lendemain au Comte de Champron de manière à lui

---

(1) Gaspard de Vichy, Comte de Champron, Châtelain de Puysagut, etc., mari d'Anne-Éléonore Bruslard, père et mère de Mme du Deffand.   (*Note de Mme de Créquy.*)

faire entendre que sa fille ne pouvait plus rester à la Madeleine de Traisnel.

Le père arriva du Bourbonnais le plus vite possible; mais à peine fut-il descendu de voiture, que M. le Régent lui fit dire de venir au Palais-Royal où ce digne Prince avait à lui parler sur-le-champ; et ce fut pour lui proposer de partir à l'instant même, à franc-étrier, pour s'en aller à l'armée de Catalogne en qualité de Brigadier des armées du Roi, que M. de Champron n'avait servi jusque là qu'en qualité de Colonel. Le malheureux père entrevit la vérité; il quitta le Régent sans daigner lui répondre; et comme il redoutait quelque violence, il s'en fut enlever sa fille avec tant de célérité que toute la suite de l'intrigue en fut déjouée.

Il alla la déposer, devinez en quel endroit? A la chancellerie, chez M. le Garde-des-Sceaux, place Vendôme, où elle resta bien enfermée sous clef pendant plus de six mois; et c'est de là qu'elle est partie pour se marier avec le Marquis du Deffand, lequel était Officier des gardes-du-corps de Mme la Duchesse de Berry.

On ne se douta jamais de rien, mais on avait cru remarquer qu'aussitôt qu'il était question de M. le Régent, Mme du Deffand semblait éprouver une sorte de malaise, et qu'elle devenait muette comme un poisson.

Ma tante de Lesdiguières (1) avait une autre his-

---

(1) Athénaïs de Créquy-Lesdiguières, Chanoinesse-Comtesse de Maubeuge. Elle est morte en 1778, âgée de cent ans et neuf mois, sans aucune infirmité.   (*Note de l'Auteur.*)

toire de Mme du Deffand, qui prouve assez que, était son caractère de sécheresse et de personnalité. Ma tante avait fait la partie d'aller lui faire une visite avec Mme de Bourbon-Busset (1), et ces dames s'attendaient à la trouver plus ou moins soucieuse, attendu que M. de Pont-de-Vesle se mourait et qu'il avait été pendant douze ou quinze années dans ses bonnes grâces les plus favorables. Après les premiers complimens, Mme de Bourbon-Busset, qui faisait toujours la bouche en cœur et la sensible, lui demanda des nouvelles du *cher malade*. — Eh! mon Dieu! j'y pensais, dit aussitôt la vieille Marquise, mais je n'ai qu'un laquais ici pour le moment, et j'allais envoyer une de mes femmes pour demander de ses nouvelles. — Madame, il pleut des torrens, répondit l'autre, et je vous supplie de la faire aller dans mon carrosse. — Ah! vous êtes infiniment bonne et je vous rends mille grâces, reprit la marquise avec une satisfaction charmante. — Mam'selle, dit-elle à une femme de chambre qui vint à la sonnette, vous allez savoir des nouvelles de notre petit malade. Madame la Comtesse de Bourbon-Busset permet que vous alliez dans son équipage, à cause de la pluie; vous allez le dire à

---

(1) Madeleine de Clermont-Tonnerre, femme de Louis-Antoine de Bourbon, Comte de Busset en Auvergne et de Chaflux. Cette branche est issue de Pierre de Bourbon, Prince-Évêque de Liége, et d'une Princesse de Gueldres, dont le Roi Louis XI ne voulut jamais autoriser le mariage avec son cousin. C'est une famille qui n'est pas moins respectable pour ses vertus héréditaires et sa dignité modeste que pour son extraction.

(*Note de l'Auteur.*)

ses gens, et bien entendu que vous ne souffrirez pas qu'un de ses laquais prenne la peine de sortir avec vous.—Je suis bien reconnaissante et bien touchée de votre intérêt pour mon favori, poursuivit-elle, il est aimable, il est vif, il est caressant.... Vous savez sûrement que c'est Mme du Châtelet qui me l'a fait avoir (1)? Les deux amies se regardèrent et n'osèrent pas répondre à des confidences et des paroles aussi hors de mesure. On parle d'autre chose et la voiture arrive enfin. — Eh bien! comment l'avez-vous trouvé? — Madame, aussi bien que possible. — Est-ce qu'il a bien voulu manger aujourd'hui? — Il aurait voulu s'amuser à mordre dans un vieux soulier, Mais M. Lyonnais n'a jamais voulu. — Voilà, s'écria ma tante, une singulière fantaisie de malade! — Enfin, marche-t-il, à présent? reprit la Marquise. — Ah! pour ceci, je ne saurais dire à Madame, parce qu'il était couché en rond sur son petit matelas de satin bleu; mais j'ai très bien vu pour aujourd'hui qu'il me reconnaissait, car il a remué la queue.... — M. de Pont-de-Vesle! s'écrièrent les visiteuses...—Allons donc! c'est mon petit chien dont il s'agit.—Mais, à propos, ajouta-t-elle en parlant à ses gens avec un ton de sécheresse et d'âpreté, vous n'oublierez pas d'envoyer demander, tantôt, des nouvelles du Chevalier de Pont-de-Vesle.

Comme vous n'êtes pas obligé de savoir ce que c'était que M. Lyonnais, je vous dirai que c'était

---

(1) Gabrielle-Émilie de Breteuil, marquise du Châtelet et cousine de Madame de Créquy.

un esculape qui demeurait à la place de Grève, et qu'il avait gagné soixante mille livres de rente à soigner des chiens malades et des chats qu'on envoyait en pension chez lui. Quand il fut question de mettre en vente la terre seigneuriale et les restes du vieux château de Courtenay, je m'étais mise à dire (pour en faire honte aux héritiers de cette famille impériale) que c'était Lyonnais qui allait acheter Courtenay et qu'il en ferait porter le nom à M. son fils; ce qui, du reste, n'aurait pas été facile à empêcher par les voies légales et d'après la coutume qui régit la matière seigneuriale dans la Capitainerie du Louvre, où tous les bourgeois de Paris peuvent acquérir et posséder seigneurialement les terres féodales. C'était une mauvaise plaisanterie dont l'origine ne fut pas bien connue; le bruit s'en répandit dans tout Versailles, et M. le Cardinal de Fleury en eut une telle appréhension, qu'il envoya bien vite à Paris M. de Fourqueux pour acheter la terre avec la seigneurie de Courtenay, afin de les réunir au domaine de la couronne.

Au lieu d'acquérir la châtellenie royale de Courtenay, M. Lyonnais se rabattit sur la terre noble de Pontgibault, qui provenait de la succession de ma tante de la Trémoille, laquelle était la dernière de l'ancienne maison de la Fayette, qu'il ne faut pas confondre avec la famille de ce Marquis philosophe et républicain qui vient de faire la guerre en Amérique. Marie-Madeleine, héritière et Marquise de la Fayette, Duchesse de la Trémoille et de Thouars, était morte en 1747, à l'âge de vingt-huit ans, et c'est à cette époque-là qu'un gentilhomme d'Auvergne, appelé M. Motier, s'imagina d'ajuster le nom de la Fayette, qui venait de s'éteindre, avec ce beau nom de Motier, qui était celui de sa famille. Il disait pour ses raisons que plusieurs personnages de la véritable maison de la Fayette avaient porté le surnom de Moytier ou du Moustier, au quatorzième siècle, ce qui n'importerait guère et ne signifie rien du tout; mais toujours est-il que la postérité du Maréchal de la Fayette, ainsi que de la Comtessse de la Fayette, auteur de *la Princesse de Clèves*, n'existe plus depuis la mort de la Duchesse de la Trémoille. Le Maréchal de Noailles m'a raconté que Louis XV lui avait dit à propos du mémoire généalogique de ces prétendus Marquis : — Avez-vous lu le roman de la famille Motier ? Il ne vaudra jamais ceux de Mme de la Fayette ! Nous n'avons jamais pu nous expliquer comment MM. de Noailles avaient pu donner ensuite une de leurs filles en mariage à ce petit Motier? Mais ils nous disaient à cela qu'il était toujours assez bon gentilhomme pour ne pas être pendu, qu'il était riche, et surtout qu'il était *très bon sujet !* Aimable sujet, en vérité ! J'ai toujours trouvé que sa pauvre femme avait été bien chanceuse (1) !

(1) Ce fut en 1780 qu'eut lieu cet étrange mariage entre Marie-Adrienne de Noailles, née en 1763, et Marie-Joseph-Paul-Yves-Roch-Gilbert Motier, Chevalier, Seigneur de Robelot, de la Grange et autres lieux ; lequel est connu sous le nom de Marquis de la Fayette, et lequel est né le 6 septembre 1757.

(*Note de l'Auteur.*)

CHAPITRE V.

L'incendie. — Maladie de Louis XV. — Fête aux Tuileries pour sa guérison. — Passe-droit du Régent. — Démission du Marquis de Créquy. — Mort de Cartouche. — Départ de l'auteur pour l'Italie. — Rencontre d'un faux-monnoyeur qu'on mène au supplice. — Sa déclaration prétendue. — Le Marquis de Créquy obtient sa grace. — L'héritière de Monaco. — Le Duc de Savoie. — Les seigneurs de Blacas. — La maison de Chabannes et M. de la Palice. — Mademoiselle Anjorrant. — Les Anges-Orants. — Les Cousins du Roi. — Distinction entre les parens de la maison royale et les grands officiers de la couronne à qui l'on donne ce titre. — L'Évêque de Lisieux. — Matignoniana.

Je ne vous tiens pas quitte encore de cette malencontreuse année 1721, à qui j'ai toujours gardé rancune pour la fin tragique de ce pauvre Comte Antoine, et pour autres griefs dont je me contenterai de vous parler sommairement. C'est à savoir d'abord la maladie du Roi, qui nous tortura pendant plus de quinze jours ; ensuite la misère et la ruine générale après la chute du Système, qui fut suivi de la banqueroute et la fuite de Law, qu'on eut bien de la peine à soustraire à la fureur populaire ; enfin la peste de Marseille et de plus un incendie qui dévora tout mon village de Gastines et qui nous a coûté plus de cent vingt mille livres, tant pour nos déboursés charitables que pour la perte de nos droits seigneuriaux et nos revenus fonciers, dont M. de Créquy voulut bien faire à mes vassaux et mes tenanciers, la remise et l'abandon pour trois ans (1). Enfin, M. le Régent fit un passe-droit à M. de Créquy en faveur de M. de Bellisle, qui n'était pas alors Maréchal de France, et Duc et Pair encore moins. Votre grand-père y mit une hauteur parfaite; il écrivit au Roi, séant en son conseil, qu'il ne pouvait plus continuer à le servir avec honneur; il écrivit en quatre lignes à M. le Régent, nullement pour se plaindre, et seulement pour lui donner sa démission de Directeur-Général de l'infanterie; et nous voilà partis pour Venise, où mon père était Ambassadeur extraordinaire.

Avant de quitter Paris, j'aurais voulu vous parler de la désolation générale pendant la maladie du Roi, comme aussi des jubilations qui furent la suite de sa guérison; mais tous les écrivains du temps ne m'ont laissé rien à dire sur toutes les choses de prescription extérieure; ainsi je vous dirai seulement que ce furent les corporations judiciaires, la ville de Paris, et le Maréchal de Villeroy, Gouverneur de S. M., qui firent tous les frais des Te Deum et des réjouissances civiles, car le Régent et M. son fils n'en dénouèrent pas les cordons de leurs bourses. J'ai assisté à cette belle fête qui fut donnée aux Tuileries par M. de Villeroy, et c'est ici le cas de relever un faux rapport du Duc de Saint-Simon, qui ne s'y trouvait point et qui n'y pouvait pas être,

---

(1) Les paysans de Gastines ont été pour nous d'une ingratitude horrible. Nous avions fait rebâtir leur village, et la première chose qu'ils ont faite, au commencement de la révolution, a été de brûler mon château. 1795. *(Note de l'Auteur.)*

attendu que le Maréchal n'y avait convié, ni lui, Duc de Saint-Simon, ni aucun autre familier du Palais-Royal.

Les Tuileries étaient magnifiquement illuminées en fleurs-de-lys, par des lampions de verre qui couraient d'un arbre à l'autre en guirlandes de fleurs-de-lys ; toutes les allées étaient garnies par de grands ifs découpés en fleurs-de-lys, et les feux d'artifice qu'on tirait tous les quarts-d'heure avaient la même forme. On n'a jamais vu décoration plus royale et plus nationale. Les Tuileries, les rues adjacentes et jusqu'aux toits des maisons voisines étaient remplies et couverts d'une multitude de peuple en exultation tellement délirante que cela finit par donner des vertiges au petit Roi, qui s'en vint précipitamment se réfugier dans un coin de la salle des gardes, où il s'assit auprès de nous sur une banquette en disant qu'il n'y pouvait tenir ; ce fut seulement au bout d'un quart d'heure, que le Maréchal de Villeroy lui vint dire : — Mon maître, venez donc vous montrer à votre bon peuple qui vous aime tant et qui vous attend ! Voilà, je vous assure, tout ce qui fut dit par le Maréchal, et le Roi s'en retourna tout aussitôt sur le balcon sans plus se faire prier.

M. de Villeroy m'a toujours paru le plus vaniteux, le plus déraisonnable et le plus fanfaron des courtisans ; mais dans cette occasion-ci je vous puis certifier qu'il ne proféra pas une de ces paroles d'arrogance et de platitude que M. de Saint-Simon lui prête avec tant de complaisance. Remarquez bien qu'il est obligé de convenir, dans sa narration, qu'il n'était pas à cette fête, où Mme de Luxembourg et moi n'avons perdu de vue jusqu'à la fin, ni le Roi ni le Maréchal de Villeroy, qui était mon oncle et le grand-père de Mme de Luxembourg, ce qui nous donna le privilége de rester continuellement tout auprès de S. M. Il est fâcheux de ne pouvoir s'en rapporter au Duc de Saint-Simon sur aucune chose et sur aucune personne de notre temps. — C'est inexcusable à lui, me disait la Maréchale de Luxembourg, quarante ans plus tard, car mon grand-père était d'étoffe et de facture à ce qu'il ne fût pas nécessaire de sortir de la vérité quand on voulait absolument le ridiculiser.

Ce fut aussi pendant l'année 1724 que les amis de Cartouche eurent à déplorer sa mort, et c'est une perte à laquelle je ne fus pas des plus sensibles. Il avait souffert la torture ordinaire et l'extraordinaire avec une impassibilité prodigieuse, et n'avait voulu ni nommer ni désigner aucun de ses complices; mais le Curé de Saint-Sulpice, dont il avait demandé l'assistance, ne manqua pas de lui représenter qu'il est de première obligation pour un chrétien de dire la vérité lorsque le juge l'ordonne, et bien entendu, lorsque le juge est institué par le souverain légitime. La religion finit par obtenir de ce malfaiteur ce que les plus horribles souffrances n'avaient pu en arracher. Il nomma tous ses complices en versant des torrens de larmes, et cet effort-là fut tellement sur-humain, douloureux et méritoire pour lui, qu'il en aura certainement profité dans l'autre vie. Cet étrange Cartouche s'était fait apporter à la Conciergerie des livres de son choix, et M. d'Aguesseau nous dit que celui qu'il lisait et relisait continuellement avec un nouveau plaisir, était intitulé : *Le Diacre Agapet, touchant les devoirs et les droits d'un Empereur.* Nous eûmes la curiosité de connaitre cet ouvrage de prédilection pour Cartouche, et nous trouvâmes, Mme de Bauffremont et moi, que c'était le plus fade et le plus assommant bouquin du moyen-âge, dont l'ennuyeux traducteur est un Carme appelé Jean Cartigny. Vous trouverez ce même volume dans ma bibliothèque, et vous y verrez sur presque toutes les marges des règles d'arithmétique, avec de petits bons-hommes à la plume et des signatures de Cartouche avec paraphe. Nous n'avons jamais pu nous expliquer le genre de plaisir qu'un pareil homme avait pu trouver à la lecture d'un pareil ouvrage.

La seule chose remarquable qui nous soit arrivée en traversant la France pour aller en Italie par Monaco, ce fut en nous promenant sur le port de Toulon. On y menait à la potence un faux-monnoyeur qui s'arrêta pour regarder M. de Créquy, et qui s'écria qu'il avait à lui dire quelque chose de très important pour le service du Roi. Il ajouta qu'il ne voulait la révéler qu'à mon mari, lequel avait commandé pendant long-temps à Toulon, où il était idolâtré, soit dit sans métaphore. M. de Créquy me parut d'abord un peu surpris ; ensuite il me dit à l'oreille qu'il ne croyait rien de tout cela, mais qu'il ne voulait pas refuser. On fait éloigner la foule, et me voilà qui m'accroche au bras de votre grand-père afin de ne pas rester toute seule au milieu de cette population cuivrée, déguenillée, hurlante et parfumée d'ail ; car les principaux officiers du port qui nous faisaient escorte avaient été séparés de nous par le tumulte. — Vous ne reconnaissez pas Thierry, Monseigneur? Thierry, votre ancien fourbisseur? Est-il possible que vous ayez oublié Thierry?... — Que me veux-tu ? lui dit votre grand-père. — Monseigneur, ayez la charité d'écrire au Roi que vous avez trouvé ici le pauvre Thierry dans un cruel embarras. Voilà tout ce que j'ai à vous dire ; mais ne refusez pas de me rendre ce service-là! je vous en prie, Monseigneur !

Mon mari garda merveilleusement bien son sérieux ; il dit au Prévôt : — Je vous demanderai, Monsieur, de ne pas faire exécuter cet homme avant que vous n'ayez reçu de mes nouvelles. Il écrivit le soir même à M. de Maurepas, qui se fit un divertissement de nous faire accorder la grace de ce pauvre faux-monnoyeur. J'ai toujours grand'pitié des faux-monnoyeurs qu'on met à mort. C'est une loi qu'on dirait inspirée par des traitans et des trafiquans arabes plutôt que par des conseillers nobles et des magistrats chrétiens.

Nous passâmes huit jours à Monaco chez notre cousine de Valentinois, qui nous fit grand'chère et qui nous avait fait adresser, par sa forteresse, une salve de treize coups de canon. Lorsque M. de Créquy voulut s'en expliquer, en lui demandant sous forme de plaisanterie, « à qui elle en avait et pour-« quoi l'on nous avait reçus dans sa ville princière « avec une solennité pareille? » — Laissez-moi donc tranquille, Louis-le-Débonnaire, répondit elle, est-ce que la grand'mère de ma grand'mère n'était pas de votre maison ? Le plus beau de mon visage en est fait, de mon quartier de Créquy ! si vous dites un mot de plus, je vous ferai tirer, quand vous partirez, vingt et un coups de canon, comme pour mon voisin le Roi de Jérusalem, de Chypre et d'Arménie.

Il est bon de vous dire que le Duc de Savoie s'était passionné pour elle, et qu'il arrivait souvent à Monaco sans tambours ni trompettes, à dessein de la surprendre agréablement. Mme de Valentinois, qui aimait beaucoup son jeune mari, et qui, surabondamment, n'aimait pas du tout leur voisin de Jérusalem et d'Arménie, lequel était septuagénaire et bossu comme un sac de noix, Mme de Valentinois n'avait rien trouvé de mieux, pour le dégoûter de ses amoureuses et galantes surprises, que de le faire guetter quand il arrivait à Nice, et de faire tirer toutes ses batteries du fort Monaco aussitôt qu'il avait passé les frontières de la principauté.

Cette noble et puissante héritière des anciens princes de Carignan, de Salerne et de Monaco était la dernière fille de la souveraine maison de Grimaldi. Elle avait pris alliance avec un petit-fils du Maréchal de Goyon-Matignon, à la charge d'adopter pour leur postérité son nom et ses armes de Grimaldi, sans aucune addition d'autres noms et armoiries, ce qui fut trouvé mortifiant et cruellement dénaturé par la noblesse de Bretagne; car c'est un pays où ce vieux nom celtique de Goyon sonne comme une cloche. Les Monaco d'aujourd'hui sont donc les aînés de la maison de Goyon. Il est singulier que ce soit cette famille bretonne qui se trouve en possession de l'héritage des anciens Rois d'Arles, dont il existe encore une branche cadette en Provence. Ce sont des seigneurs qui portent le nom de Blacas et qui proviennent évidemment de la maison royale de Baux, dont ils tiennent leur seigneurie patrimoniale d'Aulps en Provence, et dont ils ont conservé les armoiries pleines et sans brisure (c'est une comète à seize rayons). Si vous rencontrez jamais quelques personnes de ce nom-là, j'ose attendre de vous, mon Enfant, que vous aurez plus d'égard à la noblesse de leur extraction qu'au mauvais état de leur fortune.

A propos des Goyon-Matignon, je vous dirai qu'ils ont produit un des hommes du monde le plus admirablement prodigieux pour la bêtise, ou plutôt la sottise; car celui-ci n'était pas tout bonnement stupide, il était dénigrant, loquace, épilogueur et susceptible à l'excès, par-dessus le marché. Il ergotait continuellement sur toute sorte de sujets, avec un certain air de satisfaction dédaigneuse et méprisante qui l'aurait fait souffleter cent millions de fois s'il n'avait pas été coiffé d'une mitre épiscopale dont on l'avait encasqué, Dieu sait comment, car il paraît que sa famille l'avait tenu caché dans un séminaire jusqu'au moment de sa présentation à Versailles, où sa tante, la Duchesse de Longueville, avait eu l'attention de recommander qu'on ne lui laissât proférer aucune parole. Elle avait fait dire au Roi et au Père Le Tellier qu'il était de bonnes mœurs, ce qui n'a jamais été démenti; et puis qu'il était dans la bonne doctrine, ce qui n'était pas facile à vérifier, à cause de son manque d'esprit et de son ignorance ; enfin qu'il était horriblement bègue, ce qui n'était pas vrai le moins du monde. Le Roi Louis XIV et son confesseur avaient eu la délicatesse de ne lui rien dire qui demandât réplique ; et comme il avait la plus décente et la meilleure apparence du monde, on ne manqua pas de l'envoyer auprès de son oncle, l'Évêque de Lisieux, qui n'aurait eu garde de le demander pour coadjuteur, parce que c'était un sage et digne prélat, s'il en fut jamais. Aussi fut-il confondu de cette nomination prélative et de cette manœuvre, dont il écrivit, pour l'acquit de sa conscience, au Père Le Tellier. Celui-ci répondit à M. de Lisieux qu'on avait surpris la religion du Roi, mais que le scandale aurait beaucoup d'inconvénients, et qu'on aurait l'attention de fournir de bons grands-vicaires à cet étrange Évêque. Le Père Le Tellier a souvent dit à mon père que le roi n'aurait pas voulu sévir contre MM. de Matignon, parce qu'ils étaient les plus proches parens qu'il eût en France après la famille royale, et parce que la grand-mère paternelle de cet Abbé était la tante de Henri IV (Marie de Bourbon, Duchesse d'Estouteville et Comtesse de Saint Pol). Le père et les grands oncles de l'Abbé de Matignon avaient été conviés comme parens au mariage de Louis XIV, où l'on avait eu soin de leur accorder le pas sur les Créquy, les d'Harcourt, les la Tour d'Auvergne et les Beauvau, qui n'étaient pas aussi proches parens du Roi.

Mon oncle de Tessé disait toujours qu'il y a trois grandes variétés dans les espèces de gens ; c'est à savoir les blancs, les nègres et les princes ; mais sur l'article de la consanguinité, Louis XIV était comme la plupart des nobles, et même comme un gentilhomme de campagne ; il aimait ses parens, et c'était pour les d'Harcourt et les Créquy, par exemple, une sorte de bonté qui allait quelquefois jusqu'à la tendresse. Il s'informait toujours de leurs affaires, de leurs enfans, et jusque là qu'il se faisait expliquer les distributions et l'ajustement de leurs châteaux ; mais où la sensibilité du Roi se manifestait le mieux pour ses parens, c'était quand il était question pour eux de quelque mésalliance, et tout le monde a su qu'il avait donné quatre cent mille écus au Marquis de Chabannes-Curton, pour dégager ses terres et pour le dispenser d'épouser la fille unique de Colleteau, qui était un riche marchand de Rouen.

Au lieu d'effectuer cette vilaine alliance avec le comptoir et les rouenneries, Henry de Chabannes libéra son marquisat de Curton tout aussi bien que son comté de Rochefort en Auvergne, et se maria l'année suivante avec Mademoiselle de Montlezun, qui était admirablement belle et qui mourut de la petite-vérole en 1698. Il épousa depuis, c'est à-dire en l'année 1709, Catherine d'Escorailles, laquelle était veuve de notre cousin Sébastien de Rosmadec, Marquis de Molac et de Guébriant. C'était en 1748 une vieille ridicule qui se cachait et s'enfermait toujours pour manger, dans la crainte de laisser apercevoir qu'elle était sans dents. Elle est morte étranglée par une demi-boule d'ivoire qu'elle portait dans sa bouche afin de se renfler et s'arrondir la joue droite, ou peut-être la gauche, car je ne me souviens pas quel était le côté de sa mâchoire qui se trouvait en plus mauvais état. Toujours est-il qu'elle est morte en parlant comme un Polichinel, à cause de ce morceau d'ivoire qu'elle avait dans le gosier. Le prêtre qu'on était allé chercher pour entendre sa confession ne manqua pas d'imaginer qu'elle se voulait moquer du monde; ses domestiques ne savaient qu'en dire, et si la Vidame de Vassé n'était pas survenue, cette malheureuse femme aurait trépassé sans avoir reçu l'absolution.

L'alliance de Messieurs de Chabannes avec la maison royale de France était provenue du mariage de Catherine de Bourbon-Vendôme avec Gilbert de Chabannes, en 1484, et quoiqu'il n'en fût pas résulté d'enfans, le titre de *Cousins* du Roi ne leur en est pas moins resté jusqu'ici par une faveur spéciale, et peut-être en témoignage de gratitude et bonne volonté pour la mémoire du Maréchal de la Palice (1).

Je ne saurais entendre chansonner populairement ce brave Grand-Maître sans en éprouver une véritable contrariété. Je ne sais quelle est la plate engeance de poète à qui l'on doit attribuer cette sotte chanson qui me paraît d'une insolence intolérable, et j'en avais tant dit là-dessus devant M. de Sartines, qu'il avait fini par faire interdire la chanson de M. de

---

(1) Jacques de Chabannes, 11e du nom, Seigneur de Chabannais, de la Palice et de Charlus, Chevalier de l'ordre du Roi, Baron de Vendenesse et Châtelain de Pacy, Maréchal et Grand-Maître de France, né vers l'année 1460, mort en 1525.
(*Note de l'Éditeur.*)

la Palice à tous les chanteurs du Pont-Neuf et des boulevards de Paris.

Voyez un peu de qui dépendent et à quoi tiennent les réputations populaires ! allez donc conquérir le royaume de Naples et vous faire navrer en cent batailles ! allez donc gouverner les Duchés de Gênes et de Milan, pour en finir glorieusement à la bataille de Pavie où vous tombez frappé de mille coups ! Voilà qu'il se trouve un sot qui fait rimer des niaiseries, et voilà le peuple français qui prendra jusqu'à la fin des temps un héros pour un nigaud. C'est une sorte d'indignité qui m'a toujours mise en révolte, et l'ancien Évêque de Clermont (Massillon) s'en divertissait beaucoup. Le Duc, depuis Maréchal de Richelieu, lui disait un jour chez moi : — N'est-il pas vrai, M. de Clermont, que Mme de Créquy manque essentiellement à la charité chrétienne, et qu'elle ne devrait jamais approcher des sacremens sans avoir été se réconcilier avec tous ces chanteurs des rues qui se moquent du Maréchal de la Palice ?

M. l'Évêque de Clermont nous conta le même jour qu'il y avait une jeune pensionnaire de l'abbaye Saint-Antoine qui avait donné de grandes inquiétudes à la maîtresse des classes, parce qu'on ne pouvait ni découvrir ni lui faire dire comment elle employait l'argent qui lui provenait de sa famille et qui consistait dans un louis d'or par mois. On la soupçonnait de gourmandise ou de quelque autre dissimulation coupable; enfin l'Évêque de Clermont, qui était l'ami de son père, entreprit d'éclaircir la chose, et il se trouva qu'elle employait sa petite prébende à faire dire des messes de *Requiem* pour tous les Rois et toutes les Reines de France dont le salut lui paraissait le plus incertain. C'était à partir de Clotaire Ier jusqu'à Louis XI, sans oublier les Ultrogothe et les Dohda, les Frédégonde et les Brunéhault.

— Mais, M. de Clermont, se prit à lui dire M. de Richelieu qui cherchait toujours à ricaner sur les Évêques, ne vous représentez-vous point la surprise et la satisfaction de Frédégonde et de Brunéhault, quand elles auront éprouvé qu'il y avait encore à Paris des gens qui s'intéressaient pour elles? Est-il à supposer que ces deux Princesses étaient restées si long-temps en purgatoire à ne rien faire? et pensez-vous que l'argent de la petite fille ait été bien employé?

— Monsieur, lui répondit tout doucement le doux Massillon, j'ai l'habitude de ne parler théologie que dans la chaire et au confessionnal. Venez m'y trouver.

Cette bonne petite royaliste était de cette ancienne famille Anjorrant qui rendait si bonne justice et qui siégeait héréditairement sur les fleurs de-lys long-temps avant que le parlement de Paris fût devenu sédentaire. Il paraît que l'ancien nom de leur famille était de Vanvres, et que c'était le Roi saint Louis qui leur avait donné le surnom d'Anges orants, parce qu'il en trouvait toujours en oraison dans la Sainte-Chapelle de Paris.

Trois cents ans plus tard, les Anges-Orants s'en allèrent passer leurs vacances de Pâques dans leur vieux manoir seigneurial de Claye-en-Brie, où le Roi François Ier survint brusquement, de nuit close et brisé de fatigue, à la poursuite de quelque bête fauve apparemment? Le vieux magistrat se trouvait environné de tous ses enfans et domestiques, auxquels il récitait les prières du soir, « *et neul ne s'en esmeut non seullement pour retourner la teste devers sa Majesté royalle jusqu'aprets le dernier ainsy-soit-il des complies,* » dit le Mémorial du palais. « *Et par ma foy, mon Consceiller, dict le Roy François, vous avez bon droict et juste à ce nom d'Angeorant que vous portez. A touts seigneurs touts honneurs! et leur concéda ces deux anges vestus de thuniques au blazon royal de France quy sont tenants de leurs vieilles armes, à trois lys nateurels en champ d'azur.* »

Il n'existe pas beaucoup de maisons militaires qui puissent se vanter d'avoir porté leur nom pendant si long-temps, avec une dignité si modeste et si bien soutenue. La famille Anjorrant est une de ces trois anciennes races parlementaires pour qui la haute noblesse du Royaume a toujours professé la plus juste vénération, mais les deux autres sont éteintes. Les familles de Mesmes et de Harlay sont à peu près aussi considérables que les plus anciennes; mais tout le reste de la magistrature de Paris est sorti de l'avocasserie en passant par le châtelet ou par la chambre des comptes. Je n'en excepte assurément pas MM. de Nicolay, qui sont des plus illustres, et dont le véritable nom de famille est tout simplement Nicolas.

Pour en revenir au titre de Cousin donné par le Roi, je me contenterai de vous citer La Roque. en son chapitre 99 du *Traité de la Noblesse,* où vous ver-

rez que « *nos rois ne qualifiaient anciennement per-*
» *sonne de leur parent, s'ils ne l'étaient, et que ladite*
» *qualité de Cousin n'a été donnée par eux aux Ducs*
» *et Pairs, Maréchaux de France et autres Grands-*
» *Officiers de la couronne, qui n'étaient pas réelle-*
» *ment parens des Rois très-chrétiens, que depuis le*
» *règne de François Ier.* » J'ajouterai seulement à
ceci que les maisons de la Tour (d'Auvergne), de
Beauvau, de Créquy, d'Harcourt, et la branche aînée de l'ancienne maison de Laval, étaient les seu-
les familles de France qui fussent en possession de
ladite qualification de Cousins du Roi, avant le
seizième siècle ; ce qui témoigne assez que ce titre-là
ne saurait être considéré pour les familles en question comme une faveur de protocole, et que leur
consanguinité subsiste avec la maison de France en
pleine réalité.

Lorque l'Abbé de Matignon fut arrivé chez son
oncle, l'Évêque de Lisieux, on s'empressa de lui
montrer la Cathédrale, en lui disant que c'étaient
les Anglais qui l'avaient bâtie. — Je voyais bien
dit-il avec un air dégoûté, que cela n'avait pas été
fait ici.

Pour en finir plus vite avec les histoires de cet
Abbé qui me reviendront à l'esprit, je vais les écrire
en forme d'Ana. Sautez par-dessus, si vous n'êtes
pas en fantaisie d'écouter des bêtises.

La première chose qu'il fit en s'installant à l'é-
vêché de Lisieux, ce fut de faire étaler une épaisse
litière de paille sous ses fenêtres et dans toute la
partie de la grande cour de l'évêché qui avoisinait
son appartement. — Voilà comme on fait à Paris

pour se préserver du bruit, dit-il à son oncle. — Mais vous n'êtes pas malade et vous n'avez pas à crain- un grand bruit de carrosse à Lisieux. — C'est vrai, Monseigneur, mais il paraît que vous comptez pour rien le bruit des cloches. Je le déteste, le bruit des cloches, et je ne veux négliger rien pour l'amortir!

Il disait quelque temps après à ma grand'mère de Froulay : — Voilà M. de Lisieux qui vient de mourir, grâce à Dieu! vous devriez bien dire à Mme de Maintenon de me faire donner le cordon bleu qu'avait mon oncle. — Quel âge avez-vous? lui dit-elle. — Ah! mon Dieu, je n'ai que 34 ans, c'est une année de moins qu'il ne faudrait d'après les statuts; mais vous pourrez dire à Mme de Maintenon que je devrais en avoir 35, parce que ma mère avait fait une fausse couche l'année d'avant ma naissance. J'ai toujours compté que cela m'avait retardé d'un an, poursuivit-il avec un air de suffisance et de calcul expérimenté.

Quand la Princesse de Monaco, sa belle-sœur, fut accouchée de son premier enfant (le Marquis de Baux), il s'empressa d'annoncer une si bonne nouvelle à son frère aîné qui était à l'armée; mais il avait négligé de s'informer de quel sexe était le nouveauné, et vous allez voir comme il se tira d'affaire. (M. de Créquy se trouvait en même temps à l'armée de Flandres, où le Comte de Thorigny servait sous ses ordres, et il avait pris copie de cette curieuse lettre que je vous transcris fidèlement.) « Je suys de pre-
« sent a torigny venu pour les cousches de vostre chaire
« femme quy a failly de mourir et quy vient d'estre
« heureuxement délivrée d'un gros enfant quy fait

« des crys de chouhette en colesre au point que jei.
« suys si joyeux et troublé que ne vous saurais dire
« encore si je suis son oncle ou sa tante. Adieu
« seyez monsieur mon frère et bien des compli-
« mens. »

† Leon Eveque et Comte de
Lisieux

—Pourquoi, disait-il à sa ménagère de basse-cour,
n'as-tu pas l'esprit de vendre mes pintades à quatre
pistoles la pièce, comme des perroquets qui sont
moins gros ? — *Cé là voyez vous qu' les pintad à Monseigneur y n'parlent point !* — Si mes pintades ne
parlent pas, elles n'en pensent pas moins, lui
répondit-il en colère, et c'est de là que ce mot est
devenu proverbe.

La Duchesse de Brissac affirmait et nous a juré
ses grands dieux qu'elle avait réellement reçu de lui,
qui se trouvait à Gacé, chez leur cousin de Matignon,
l'original de cette sotte lettre qui se voit à présent
dans tous les recueils de jannoteries. « Madame, sa-
« chant combien vous aimez les perdrix rouges, je
« vous en envoye six, dont trois grises et une bécas-
« se ; vous trouverez ma lettre au fond du panier. »
Dans les récits traditionnels et les altérations qui
s'ensuivent toujours, on a changé la bécasse en pied
de cochon ; je laisse dire avec une indifférence de
mépris pour les citations erronées, mais vous pourrez vous flatter et vous vanter d'avoir la version
primitive.

Il avait en lui, du reste toute sorte de facilité pour

se montrer flatteur et courtisan, mais c'était là qu'on voyait éclater le mieux sa bêtise, ainsi qu'il y parût auprès de Mademoiselle de Sens (1).

Il avait été chargé, je n'ai jamais compris ni par qui ni comment, d'aller annoncer à cette Princesse la mort de M. le Comte de Charolais (Louis-Henry de Bourbon-Condé), lequel était une infernale créature! Mademoiselle de Sens qui le vit arriver en habit d'Évêque et qui n'en savait rien autre chose, commença par lui demander si son frère avait eu le temps de songer à ses dispositions......, elle entendait sûrement *testamentaires*; mais il avait compris *salutaires*, et le voilà qui se mit à lui dire avec un air de pédanterie douloureuse : — Hélas! Mademoiselle, il est vrai que c'était un abominable homme, et qu'il avait tué sa sœur naturelle avec un couteau de chasse, et qu'il tirait sur les paysans de Chantilly comme sur des lièvres; sans compter qu'à Paris il abattait les couvreurs de dessus les toits, et les faisait dégringoler à coups de fusil, dans la cour du Palais de Bourbon; mais la miséricorde divine est bien grande, Mademoiselle, et puis d'ailleurs le bon Dieu doit y regarder à deux fois avant que de damner un prince du sang (2)!

(1) Alexandrine-Charlotte de Bourbon-Condé, Damoiselle de Sens et Vicomtesse de Sennonais. Elle est morte célibataire, en 1759, et je vous parlerai plus tard de ses bizarreries.

(*Note de l'Auteur.*)

(2) — Monsieur, je vous ai fait grace encore pour cette fois-ci, lui dit un jour Louis XV, en présence de tout ce qui se trouvait à son lever, mais je vous jure et vous proteste, foi de

Je vous ferai grace de toutes ces histoires de la cheminée, de la sonnette et du couteau de M. de Matignon qui sont tombées dans le domaine populaire, autant vaut dire dans le ruisseau des halles ; mais il me reste à vous en conter une historiette que je crois inédite et que je tiens du Maréchal de Tessé.

Mon oncle était allé passer quelques jours d'automne à Thury chez la Duchesse d'Harcourt où se trouvait le Coadjuteur de Lisieux. On y parlait, pour se divertir, d'un vieux hableur des environs qui passait dans tout le pays pour un illustre, parce qu'il portait régulièrement les deuils de cour et qu'il allait quelquefois dépenser l'argent de ses économies sur les tables d'hôte et dans les cafés de la capitale. Il disait à ses camarades de chasse que le Roi (Louis XIV) l'avait toujours traité avec une distinction sans pareille, et qu'en le voyant accourir de Paris à Versailles, en nage et couvert de poussière, il avait toujours la bonté de le recevoir à bras ouverts. — Eh ! bonjour, mon ami Gaudreville, il y a tantôt mille ans qu'on ne vous a vu ; comment vous portez-vous ? — Mais, Sire, cela n'en va pas plus mal, et si ce n'était la fatigue du chemin… . — Vous ne seriez peut-être pas fâché de vous rafraîchir avec une bouteille de mon vin de Mâcon ? — Par ma foi, ça n'est pas de refus !..... Ici, le hobereau fut interrompu par un Écuyer du

---

gentilhomme, entendez-vous ! que j'accorderai des lettres de grace pleine et entière à celui qui vous tuera.

(Note de l'Auteur.)

Maréchal de Tessé qui se trouvait de la partie de chasse et qui ne put retenir un éclat de rire. — Eh bien! reprit un gentilhomme campagnard, auditeur bénévole, est-ce que le vin du Roi n'est pas des meilleurs?... — Mais, répliqua le Gaudreville en regardant du côté de l'Écuyer avec un air déconcerté..... — Je n'en ai pas bu. — Pourquoi donc point? — C'est, voyez-vous, poursuivit-il, en sacrifiant quelque chose de son histoire pour en sauver le reste, et en reprenant courage, c'est qu'on est toujours venu dire au Roi que la Reine était à Vêpres et qu'elle avait emporté les clefs de la cave.

Le Coadjuteur se prit à dire avec un air futé : — Quel imbécile ! il aurait bien dû s'apercevoir que c'était une défaite de la Reine qui ne voulait pas donner de son vin !

J'estime qu'il ne pourra jamais sortir de la bouche d'un grand seigneur aucune bêtise aussi bien conditionnée que celle-ci.

CHAPITRE VI.

Première ambassade du père de l'auteur. — Motif apparent de cette mission diplomatique à Venise. Son motif secret à Rome. — La cour à Modène. — Le Duc Renaud III. — Son fils. — La Princesse héréditaire. — Les robes de Perse. — Le Cardinal de la Mirandole. — Le télescope de Ferraccino. — La Princesse des Ursins, marraine de l'auteur. — Abrégé de son histoire biographique. — Le Chevalier d'Aubigny. — Le Prince de Mansfeld et la Comtesse Fagnani. — Le défunt Pape Clément XI. — Son humilité, sa charité, ses autres vertus. Les Cardinaux des deux partis. — Les *Zelanti* et les *Politichi*. — Les Cardinaux des deux divisions. — Les *Papabili* et les *Papegianti*. — Les Cardinaux des quatre factions. — Les *Romani*, les *Italiani*, les *Gallicani* et les *Tedeschi*. — La cour des Stuarts au palais Borgia. — La Reine Marie Sobieska. — Son héritage du Roi Jean III. — La Duchesse de Bedford et Lady Tavistock. — La chanson française. — Le conclave. — L'abbé de Beaumont, alors Conclaviste et depuis Archevêque de Paris. — Son aventure dans la campagne de Rome. — Le mort et l'amoureux. — Anecdotes romaines, etc.

Mon père n'avait voulu accepter en Italie qu'une ambassade extraordinaire, et quelque talent qu'il se sentît pour les négociations, il aimait toujours mieux la vie de Paris qu'un séjour habituel en aucun pays étranger. On avait imaginé depuis la mort du Roi qu'il était dans l'intérêt de la France de faire cause commune avec l'Angleterre, ce que mon père ne pouvait adopter en principe, mais ce qu'il approuva temporairement à propos de l'établissement de la banque d'Ostende, où l'empereur Charles VI avait entrepris d'attirer à lui tous les bénéfices commerciaux des autres états et des puissances maritimes en particulier. On avait besoin de se concerter avec la République de Venise, où M. de Frémont, Résidant ordinaire de France, était soupçonné de quelque propension favorable aux Impériaux. Tel était le motif apparent de cette ambassade du Comte de Froulay; mais comme la santé du Pape allait toujours déclinant et qu'il était aisé de prévoir un prochain conclave, mon père avait alors mission d'aller jusqu'à Rome, afin d'y ménager les intérêts de la France, en y faisant porter l'exclusion de cette couronne et de celle d'Espagne sur les Cardinaux Charles Colonne, Pic de la Mirandole et Zondodari, lesquels étaient des prétoriens sous la pourpre, des Césariens, de véritables Gibelins du XIIIme siècle.

En arrivant à Milan dans les premiers jours du mois de mars, nous y apprîmes la mort du Pape et le départ du Comte de Froulay pour Rome, où nous arrivâmes après nous être arrêtés pendant huit jours à la cour de Modène. M. de Créquy avait absolument voulu faire cette politesse à l'aîné de la maison d'Est, son parent, qui nous donna des fêtes à l'église, des festins à la cour, des bals au théâtre et des parties de plaisir en campagne, à profusion.

M. le duc de Modène (Renaud d'Est, IIIme du nom) avait été cardinal avant d'épouser la sœur du premier Duc de Hanovre, dont il était veuf depuis quelques années, et laquelle princesse avait été sœur aînée de l'impératrice Amelie de Brunswick, femme de Joseph premier. C'était une sorte de colosse érudit, discuteur et didactique, ayant deux yeux immenses avec un regard innocent et l'air doctoral; infiniment courtois, du reste, et connaissant parfaitement bien la cour de France, au point de m'en avoir appris certaines particularités relatives à MM. de Dangeau, de Noailles et de Maulévrier, dont le nom de famille était Langeron, me dit-il, et non pas Damas, comme je l'avais supposé mal à propos.

Monsieur son fils, le Prince héréditaire, avait l'air intérieur, affecté, langoureux, ce qui ne l'empêchait pas d'être enthousiaste et frondeur; il avait la figure et l'encolure d'un enfant malade; mais pour se donner plus belle apparence, il avait de la poudre d'or sur sur les cheveux, avec du blanc, du rouge, et des habits si ridiculement chamarrés de rubanneries en aiguillettes, en bouffettes et nœuds flottans, qu'on aurait dit un petit Mascarille. Il avait épousé, comme je vous l'ai déjà fait savoir, une fille de M. le Régent, qui nous reçut d'assez mauvaise grace, en disant qu'elle ne m'avait jamais vue chez son père; ce que je ne fis pas mine d'entendre et ce que M. de Modène eut l'air de trouver tout naturel, attendu que les honnêtes femmes n'allaient guère au Palais-Royal et qu'il en savait la raison. Comme elle se rabâchait et se ruminait souvent dans la même phrase, en répétant « la Marquise de Créquy ne venait pas chez mon père, » le Duc Renaud finit par s'en impatienter. — N'oubliez pas que vous êtes chez votre beau-père, lui dit-il avec une sécheresse admirable, et Dieu merci nous ne la revîmes plus, sinon pour en aller prendre congé, ce qui se passa très-poliment.

Le Prince François de Modène était fort choqué de ce que sa femme s'habillait quelquefois en toile de Perse, et il me demanda s'il était possible et s'il était vrai que ce fût devenu l'usage à Paris ?

Je fus obligée de convenir que plusieurs jeunes femmes avaient adopté cette sorte d'étoffe pour des robes négligées, en troisième saison, mais nullement pour des habits de printemps, jamais pour des robes du soir, et encore moins pour des habits de cour.

La Princesse de Modène était la première femme de qualité à qui j'eusse vu porter de ces robes de toile peinte, ce qui m'a toujours paru misérablement chétif, ainsi que les habits de mousseline et de linon.

Nous apprîmes là, sur cette Princesse héréditaire, des choses impossibles à réciter. Tout ce que je vous en puis dire en restant dans la bienséance, c'est que la feue Duchesse de Berry et la Reine d'Espagne auraient paru des Sainte-Nitouche à côté de leur sœur de Modène. C'était au point que M. le Duc d'Orléans se mit à sangloter en lisant la dépêche où mon père en avait cru devoir rendre compte à M. de Torcy. M. Le Régent n'avait certainement ni moralité ni dignité, et s'il vous paraît extraordinairement susceptible, ayez donc patience ! Le Régent n'était qu'au deuxième degré de Louis XIV ; il fallait bien que le germe d'Orléans eût le temps de fermen-

6.

ter pour se développer et pour éclater dans tout son lustre à la génération de Philippe-Egalité.

On ne parlait alors dans toute la Haute-Italie que de Ferraccino, le célèbre Ferraccino, qui ne savait pas lire et qui pourtant venait d'ajuster un télescope de son invention sur la tour de la Mirandole. Il est bon d'observer en passant que l'Empereur Charles VI avait dépouillé les Picci de leur droit héréditaire à la souveraineté de cette petite province, dont il avait gratifié son beau-frère, le Duc de Modène et de Reggio, ce qui n'empêchait pas le Cardinal Pico de rester gibelin moyennant une pension de quarante-cinq mille écus que lui payait l'Empereur; ce dont il n'aurait jamais eu le profit si le Duché de la Mirandole était resté dans sa famille.

C'était là tout le secret du dévouement du Cardinal de la Mirandole à la *cesarea corona*. — Erano Cesari tedeschi che noi avevano fatti sovrani Principi del imperio, disait-il à mon père, avec un faux air de résignation douloureuse. — Eh bien! mon Prince, Dominus dedit, Dominus abstulit; sit nomen Domini benedictum! Il paraît que vous suivez le précepte évangélique à la lettre, lui dit mon père, et c'est une excellente disposition pour entrer en conclave. Malheureusement pour le César germanique et ses protégés, il se trouve que notre conseil royal de régence ne montrera pas cette abnégation généreuse et cette mansuétude archangélique dont vous donnez à tous les princes de la terre un si mémorable exemple; aussi bien dois-je avertir votre Altesse Éminentissime que s'il était question de choisir un Pape entre les Cardinaux de la faction d'Autriche, les Couronnes de France et d'Espagne y mettraient certainement leur véto négatif.

La déclaration fut suffisante, et tous les efforts de l'Autriche se concentrèrent et se dirigèrent uniquement contre l'élection du Cardinal Ottoboni, bénéficier français; mais retournons au télescope de Bartholoméo Ferraccino.

C'était un merveilleux instrument dont les proportions étaient calculées de manière à pouvoir observer, non pas des taches au soleil ou ce qui survient dans la lune (je n'ai jamais pu m'intéresser à ces révolutions du Promontoire d'Herschel, de la Mer de Nectar et du Cap-des-Songes); mais à pouvoir distinguer tout ce qui se passait à quatre ou cinq lieues de la Mirandole, et avec une lucidité parfaite. Je l'ai vu braqué (c'est le télescope et ne l'oubliez pas) sur une maison du petit village de Strolla; c'était une hôtellerie dont on pouvait aisément aisément distinguer l'enseigne, qui représentait une figure de Nonne avec l'inscription suivante, *Alla Beata Giulia Falconieri*. Il y avait pour ce moment-là, sur un banc de pierre auprès de la porte de l'auberge, un soldat vétéran qui récitait son chapelet, en compagnie d'un enfant qui tressait une corbeille de joncs, et l'on voyait par le mouvement alternatif de leurs lèvres que le petit garçon répondait le rosaire à cet invalide qui était habillé d'un reste d'uniforme jaune et qui avait une jambe de bois; je le vois d'ici. Il y avait, à vol d'oiseau, de la Mirandole à Strolla, nous fut-il également dit par les *Dotti* de l'observatoire et les *Contadini* de asse ville, à peu près quatre lieues géographi-
de 25 au degré.

Environ trois semaines avant notre arrivée dans l'état de Modène, il s'était trouvé que deux novices du couvent des capucins étaient montés à l'observatoire afin d'y voir le même télescope, et que l'un d'eux s'était mis à diriger l'instrument sur un petit bois de chênes verts au milieu duquel était située, bien loin dans la campagne, une autre capucinière où ce novice avait fait ses premières études et pour laquelle il avait toute sorte de prédilection. A peine a-t-il regardé dans la lunette qu'il fait un cri terrible ; ensuite il dit quelques mots à l'oreille de son compagnon qui regarde sans rien dire, et puis les deux jeunes religieux descendent précipitamment, après avoir eu soin de détourner le télescope, en disant à Ferraccino que s'il avait la témérité de regarder ce qu'ils avaient eu le malheur de voir, il se trouverait en péché mortel et cas réservé. Ferraccino n'en tint compte, mais tout ce qu'il aperçut, c'était un grand capucin qui sortait de sous les chênes verts et qui s'acheminait du côté de la Mirandole, en suivant la grande route de la Secchia.

Cependant les deux novices étaient allés faire au Père Gardien de leur communauté la révélation de ce qu'ils avaient vu par le télescope, et voici le Père Gardien qui arrive au Palais Ducal et qui force la consigne, en disant qu'il veut parler à Son Altesse et le plus tôt possible ! On lui répond que S. A. fait la siesta, et voilà ce capucin qui s'arrache la barbe en s'écriant qu'il y va de l'honneur de Saint François ; ce fut le Duc de Modène qui nous raconta tout ceci. — Mais voyez donc ce que peut vouloir me dire ce gardien des Franciscains, dit-il à ses gentilshommes de la chambre, et ceux-ci rentrèrent en disant qu'il ne voulait s'en expliquer qu'avec le Duc.

Ce que les deux novices avaient aperçu, et ce qui ne pouvait avoir été vu qu'au moyen du télescope ou par les oiseaux du ciel, c'était l'assassinat d'un capucin que le meurtrier dépouilla de sa robe et dont il traîna le cadavre dans un ravin. Il se revêtit ensuite de la robe du mort, et sortit du bois en se dirigeant du côté de la ville, où le Duc de Modène était arrivé depuis deux jours afin d'assister aux solennités de je ne sais quelle fête patronale.

Ce que désirait le Père Gardien, c'était que le Duc de Modène envoyât dans son couvent quelques soldats, gens de cœur et de résolution, et non pas des pleutres comme les sbires, qui d'ailleurs et presque toujours sont en connivence avec les brigands. C'était afin de se pouvoir saisir du meurtrier, qui ne manquerait pas de venir demander un asile aux religieux de Saint-François à l'abri de sa robe de franciscain, et d'autant plus certainement que d'après la coutume italienne, il ne pouvait aller s'héberger dans aucune autre maison de la ville.

Les deux novices avaient observé toute chose avec une attention singulière. On ne pouvait s'y tromper, attendu que la robe du moine était de beaucoup trop courte pour le voleur, attendu qu'il était sans barbe, et qu'en faisant tomber le capuchon dont il avait couvert sa tête, on trouverait qu'il avait de longs cheveux, noirs et crépus; enfin comme il n'avait pu faire entrer ses pieds dans les sandales du mort, il arriverait infailliblement avec des souliers, si ce n'était les pieds nus, et tout ceci se trouva d'une exactitude parfaite.

Le Duc écrivit en conséquence de ce rapport des novices et de la supplique de leur supérieur, au Commandeur Hercule d'Est, qui était Gouverneur de la Mirandole et frère naturel de Son Altesse. On aposta des soldats dans l'intérieur du cloître, où l'on captura ce meurtrier, qui était un chef de brigands piémontais. C'était deux jours avant notre arrivée qu'il avait été pendu la tête en bas, après avoir eu les poings coupés.

On aurait dit que j'étais condamnée, depuis six mois, à me trouver continuellement pourchassée par des récits et des images de supplices.

En arrivant à Rome, je désirais aller, avant toute chose, à la Basilique de Saint-Pierre, pour y faire mes dévotions au saint tombeau des apôtres Pierre et Paul, ce que M. de Créquy ne désapprouva point. Nous nous fîmes descendre à l'entrée de cette grande colonnade qui forme la place, et nous allâmes à pied jusqu'à l'église, où je vis passer mon père qui se rendait processionnellement à la chapelle Sixtine au milieu d'une foule de Cardinaux, de Gentilshommes romains et de Prélats Mentellone ou Mentelletta, car c'est uniquement à la longueur de l'habit qu'on peut distinguer ces deux sortes de Monsignori. Je fis ma prière avec autant de componction qu'il me fut possible, ce qui ne veut pas dire que ce fut tout-à-fait sans distractions, et puis nous nous fîmes conduire au palais de Sicile, où le

Cardinal Pamfili, Grand-Prieur de Rome, avait eu l'obligeance de nous réserver un appartement, que Mme des Ursins, tante de Son Eminence, avait pris la peine de faire ajuster le mieux du monde.

Je n'ai pas besoin de vous dire, et vous trouverez partout ailleurs qu'ici, comment la Princesse des Ursins avait été précipitée du faîte de la puissance et de la domination qu'elle exerçait sur les Espagnes; et comment, en allant au-devant de la Reine Elisabeth Farnèse dont elle venait d'arranger le mariage avec le Roi Philippe V, ces deux nouveaux mariés la firent saisir et conduire inopinément en grand habit de cour, en carrosse doré, sans linge et sans argent, sans femme de chambre, et qui pis est sans mantille, jusqu'à la frontière de France, où ses valets espagnols avaient reçu l'ordre de la déposer sur le pavé, avec son fard coulé, sa robe de brocard et les pierreries dont elle était couverte; ce qui fut exécuté fidèlement et aussi respectueusement que possible. C'était assurément la plus singulière mesure de précaution qu'on eût jamais délibérée dans le conseil suprême de Castille. Mme des Ursins s'alla réfugier d'abord en son château de Chanteloup, qu'elle avait fait édifier auprès d'Amboise en Touraine, avec l'intention d'en faire le chef-lieu d'une petite souveraineté qu'elle avait rêvé d'établir à son profit, au milieu de la France; mais elle ne manqua pas de s'y trouver trop à l'étroit et de s'y déplaire à mourir : Louis XIV et Mme de Maintenon n'avaient conservé pour elle aucune illusion favorable, et force lui fut d'aller se réfugier à Rome, où du moins elle était certaine de se retrouver et pouvoir maintenir sur un pied d'importance et de considération qu'on n'y pourrait dénier à la sœur du Cardinal de la Trémoille et la veuve du Prince degli Orsini, Duchesse douairière de Bracciano. Elle avait profité de sa faveur et de son crédit en Espagne pour y faire accorder la grandesse au neveu de son premier mari, M. de Chalais, ce qui fut la première assise de la première fortune des Talleyrand, comme je vous l'ai dit plus tôt. Elle accordait encore l'honneur de sa confiance et de ses bonnes graces au sieur d'Aubigny, gentilhomme poitevin, qu'elle appelait Don Louis, parce qu'il avait été son commensal et confident favori pendant son usurpation d'Espagne. C'était un grand dégingandé, vaniteux, loquace et le plus familier du monde. Le Cardinal de Mailly disait qu'il devait parfaitement ressembler à Conchino-Conchini, le maréchal d'Ancre. Il s'avisa de venir un jour m'assaillir de propos galans auprès de la Reine d'Angleterre, Marie Sobieska, chez qui Mme des Ursins, qui cherchait à le faufiler partout (pour honorer sa prédilection), l'avait envoyé faire un message. Il m'avait abordé si cavalièrement que j'en fus outrée et que je lui demandai comment il s'appelait?... — Mais, Madame, je suis le Chevalier d'Aubigny, dit-il en se mordant les lèvres. Je lui répondis : — C'est bon, Monsieur, je m'en souviendrai.

Vous savez déjà que la Princesse des Ursins était ma proche parente et ma marraine. Elle était glorieuse autant qu'on peut l'être quand on s'est appelé pendant quinze ou seize ans Mademoiselle de la Trémoille. Vous pouvez bien penser que le nom de

Créquy sonnait assez haut dans toute l'Europe, et particulièrement à Rome, en mémoire du Cardinal, du Maréchal et du Duc de Créquy, Ambassadeurs de France sous le règne du feu Roi : aussi Mme des Ursins nous y reçut-elle en perfection. C'était plaisir de l'entendre parler de MM. de Créquy, dont la première aïeule était fille de Charlemagne. Mais comme ensuite elle avait toujours grand soin de m'appeler sa nièce, la reconnaissance de votre grand-père en était un peu diminuée.

Je vous dirai que ma marraine me parut une personne artificieuse et insidieuse, dominante, exigeante, et souverainement déplaisante. On soutenait qu'elle avait un reste de beauté, mais je trouvais qu'il n'y paraissait pas. Ce qu'elle avait conservé sans la moindre altération, c'étaient les plus grands airs du monde, avec l'habitude de se mêler de ce qui ne la regardait point. Elle faisait des toilettes prodigieuses avec sa poitrine et ses vieilles épaules à découvert. — Mais puisque vous êtes de la famille, me disait un jour le Prince de Mansfeld, dites-moi donc si vous savez pourquoi la Princesse des Ursins nous fait un pareil étalage? et pour faire plaisir à qui, s'il vous plait? — C'est pour faire plaisir à nous autres jeunes femmes, et notamment à la Comtesse Fagnani, lui répondis-je en lui montrant ma voisine qui avait la plus belle poitrine et les plus belles épaules. Voilà que Madame Fagnani, qui avait, indépendamment de ses belles épaules, une belle passion pour ce Prince de l'Empire, et des inquiétudes à son sujet apparemment, s'avisa de se fâcher contre lui parce que nous avions causé d'un air d'intelligence, et dans une langue dont elle ne comprenai pas un mot. Je ne sais comment il répondit à ses reproches, mais toujours est-il qu'il en reçut un coup de poignard dont il faillit rendre l'ame, et dont il alla se faire guérir à Venise où mon père était encore Ambassadeur. C'est un accident que je n'ai pas eu sur la conscience.

La mémoire du Pape Clément XI est à jamais vénérable (1). Sa mort était restée pour les Romains un sujet de regret général et d'affliction. Il n'avait accepté le souverain pontificat qu'au bout de quatre jours après son élection dans le conclave, où l'on eut grand'peine à triompher de sa résistance. Il avait rempli la chaire apostolique à l'édification de l'univers chrétien pendant vingt et un ans. Il avait rigoureusement exécuté la déclaration de son prédécesseur, Innocent XII, contre le népotisme. Ses mains sacrées et paternelles étaient ouvertes à tous les malheureux dans tous les pays, et tout le monde a su qu'il avait envoyé des bâtimens chargés de grains et d'argent pour le soulagement des pauvres Marseillais pendant l'hiver de 1720. Docte, modeste et courageux pontife, c'est à lui qu'on doit rapporter le bienfait des constitutions *Unigenitus, Augustinus* et *Vineam Domini*. Il a paci-

---

(1) Jean-François Albani, fils de Don C. Albani, Sénateur Romain, né le 22 juillet 1649, créé Cardinal du titre de Saint-Silvestre en 1690; élu souverain Pontife après 45 jours de conclave, en 1700. Il avait pris le nom de Clément en mémoire de ce que son exaltation pontificale avait eu lieu le jour où l'église célèbre la fête de Saint-Clément, Pape et Martyr. Il était mort le 19 mars 1721, âgé de 72 ans. *(Note de l'Auteur.)*

fié l'église en démasquant le jansénisme et les quiétistes : que son nom saint soit éternellement béni !

Je vous dirai que les membres du sacré collége se trouvaient partagés, comme de coutume, en deux factions capitales, les *Zelanti* et les *Politichi*; ce qui ne signifiait pas que les Zélés fussent des fanatiques, ni que les Politiques fussent des gens sans scrupules ; on n'appliquait ces dénominations qu'à la manière d'envisager la direction qu'il fallait donner aux affaires du Saint-Siége, et le caractère ou les habitudes personnelles des Cardinaux ne s'y trouvaient pour rien. Ces deux grands partis étaient divisés en quatre factions ; la Romaine, l'Italienne, la Gallicane et la Tudesque. Le but de la faction Romaine était d'élire un sujet romain, grand seigneur, et ceci pour le profit et l'agrément de la noblesse suburbicaire. Les Italiens travaillaient pour empêcher ce monopole, les Germains intriguaient pour faire élire un pensionnaire de l'Empereur, et les Français manœuvraient pour contrarier les Impériaux, en inclinant vers les *Politichi* des trois autres factions. Le grand Roi n'existait plus, le fils aîné de l'Église était mineur, et c'était là où se bornait toute l'ambition de notre conseil de régence.

Les Cardinaux de la nation française étaient alors Nosseigneurs de Rohan, de Noailles, de Gèvres, de Polignac et de Bissy ; et le chef de la faction gallicane en Italie n'était rien moins que le neveu du Pape Alexandre VIII, le Cardinal Ottoboni, Évêque de Sabine et Abbé de Saint-Paul de Verdun. (Prenez garde à cette qualification française.) Nous avions aussi dans notre parti les Cardinaux espagnols au nombre de quatre ; c'est à savoir d'Arias, Archevêque de Séville ; Borgia, Patriarche des Indes ; Moncade, Évêque de Carthagène ; et Cienfuegos de Transtamare y la Cerda, qui passa tout le temps qu'il fut en conclave à dessiner ses armoiries sur de petits papiers. On s'appuyait également sur le suffrage et la voix du Cardinal Évêque des Algarves, autant qu'il est permis de compter sur un Portugais. Enfin notre parti s'était renforcé du Cardinal Évêque de Javarin, le Prince Auguste de Saxe, ainsi que des Cardinaux d'Aquaviva, Carraccioli et Thomas Ruffo, l'Archevêque de Nicée (tous les trois Napolitains), ce qui nous assurait treize ou quatorze voix dans le sacré collége.

La faction germanique était composée de Romains *Politichi*, lesquels étaient dirigés par le Cardinal Colonne, Archevêque de Ravenne et Majordome du Sacré-Palais. Il avait pour adjudans principaux le Cardinal de la Mirandole dont je vous ai parlé, Zondodari, Siennois et sujet romain ; de Strattenbach, Évêque d'Olmutz, de Schœnborn, Évêque de Spire et Chancelier d'Autriche ; de Czacki, Métropolitain d'Hongrie, et finalement du Cardinal d'Hénin, à qui l'Empereur avait eu soin d'accorder l'investiture de l'Archevêché de Malines aux Pays-Bas, ce qui ne l'empêcha point de voter avec les cardinaux français.

Dans la faction des Romains, proprement dits, il se trouvait une subdivision de *Zelanti* qui négociait contre les Tudesques, en soumission pour la couronne de France et sous la direction du Cardinal Pamfili, neveu du Pape Innocent X et Prince romain. Les Cardinaux Origo, Sagripanti et Tanara, étaient les agens les plus actifs et les plus expérimentés de cette demi-faction qui finit par l'emporter dans le conclave, en y faisant élire un Romain, grand seigneur et *Zelante Gallicano;* (sous toutes réserves de la déclaration du clergé de France touchant le temporel des Princes et l'infaillibilité des Papes, car on n'a jamais pu rien comprendre à Rome et nulle autre part à ces quatre propositions de Bossuet, dont la première est annulée par les trois autres.) Enfin c'était le Cardinal del Giudice, Archevêque de Montréal en Sicile et Doyen du Sacré-Collége, que les Cardinaux de la faction italienne avaient élu pour leur régulateur. C'étaient des nobles Vénitiens, Milanais et Génois; des Cornaro, Barbarigo, Priuli, Spinola, Caprara, de Fiesque, *e tutti quanti nobilissimi porporati.*

Il me reste à vous dire à présent que tous ces Cardinaux romains, italiens, français, germains et castillans, zélés ou politiques, se trouvaient encore partagés, non pas en factions, ni par fractions pour cette fois-ci, mais par une autre division toute naturelle et toute chrétienne, en Cardinaux *Papabili* et *Papegianti,* c'est-à-dire *papables* et *papifians.* Les sujets les mieux connus alors pour être dignes de la tiare étaient les cardinaux romains Paulucci, Gualterio, Piazza, Conti, Légat du Pape à Ferrare, et Corradini, Préfet de la signature aux conciles. Le Cardinal Papegiante par éminence et non par excellence, attendu que la justice et la

sincérité n'étaient pas ses vertus principales (1). . .
. . . .
. . . .
. . . .
et mon père avait su qu'il avait entrepris de négocier en faveur du Cardinal Zondodari. L'opinion de cette Éminence était aussi qu'en agissant de concert avec les intentions électorales des Cardinaux *Papegianti et Zelanti* pour opérer l'élection d'un Cardinal *Papabile* de leur faction, on était assuré d'agir en sûreté de conscience et conformément aux inspirations du Saint-Esprit qui procède à l'élection des Papes, en définitive, et qui n'y veut procéder qu'en employant les moyens humains. Le Cardinal de Fiesque était devenu son pis-aller. Monsignor Passionei se portait caution de sa bienveillance et de sa bonne volonté pour les deux couronnes de France et d'Espagne : enfin, le Cardinal Zondodari devait être indubitablement un grand et saint Pape, et le Roi d'Angleterre en était persuadé non moins que la Reine et Monseigneur Passionei ; ce qui ne fit pas changer d'avis à l'ambassade de France, et qui n'influa nullement sur les résolutions et la conduite de nos Cardinaux.

Le Chevalier de Saint-Georges, à qui le saint Père avait accordé les honneurs royaux dans les États de l'Église, et qui s'était marié depuis son

---

(1) Tout donne à penser que les ratures auxquelles on doit attribuer cette lacune auront encore été déterminées par scrupule de conscience et par esprit de charité.   (*Note de l'Éditeur.*)

voyage en France avec la petite-fille du Roi de Pologne, Jean Sobieski, vivait noblement et paisiblement à Rome, où tous les jacobites affluaient pour entretenir ses espérances, et tout au moins pour y rendre hommage à ce noble exilé, leur souverain légitime, et leur unique souverain, suivant la conscience et les lois de leur pays.

La Reine Marie-Clémentine était belle, aimable et polie ; elle avait du goût, un esprit fort aimable et beaucoup d'attrait pour la noblesse de France, où sa sœur avait trouvé de riches partis ; car, après la mort du Duc de Créquy-Blanchefort, avec qui le contrat de mariage de cette Princesse était déjà signé, elle avait épousé successivement, c'est le mot propre, le Duc de Bouillon-Turenne et le Prince de Turenne, héritier de son frère. Votre oncle de Créquy-Canaples avait très-mal accueilli la proposition d'épouser Marie-Casimire Sobieska : je vous ai déjà dit comment il avait reconnu sa bonne intention pour lui. Quand la Reine eut appris par moi combien M. de Canaples était souverainement déraisonnable, et lorsque je lui dis que la Princesse Charlotte de Rohan, sa première femme, en était morte d'affliction : — Vous me soulagez agréablement, dit-elle, car j'étais blessée de ce qu'une personne de votre famille eût montré de l'inconsidération pour la nôtre.

J'avais bien compté sur le bon effet de mes contasseries. Dans la soirée du lendemain, la Reine eut l'extrême bonté de vouloir me faire une visite que je m'empressai d'aller recevoir dans son carrosse à la porte de notre palais ; et depuis notre explication sur M. Canaples, il ne m'est jamais arrivé, pendant mon séjour à Rome, de rester une seule journée sans lui faire ma cour. — Oh ! l'équivoque et l'amphibologie ! je n'ai jamais fait ma cour à M. de Canaples, et n'allez pas vous y tromper.

La cour d'Angleterre était fort bien établie dans le palais Borgia que la Reine douairière, Marie de Modène, avait acheté pour son fils, du Cardinal Hovard de Norfolk, et sur la porte duquel on n'avait pas manqué de placer les armes d'Angleterre, d'Écosse et d'Irlande, avec celles de France au premier quartier. Je ne pouvais m'en taire, et je ne sais comment les Rois très-chétiens ont bien voulu tolérer cette absurdité-là (1) ?

La devise de l'écu britannique est en français, ainsi, m'a-t-on dit, que les inscriptions qui marquent les noms et les titres des chevaliers de la Jarretière et du Bain dans les chapelles de Windsor et de Westminster ; et comme il en est ainsi du serment, des statuts de ces ordres et des principales formules de la couronne envers le parlement britannique, il paraît qu'on ne peut ni regarder, ni rien écouter à la cour d'Angleterre sans y trouver partout le sceau profondément appliqué des Nor-

---

(1) Le gouvernement et les Princes anglais ont retranché les fleurs-de-lys de l'écu britannique sous le règne de Georges III, en exécution d'un article dont Bonaparte avait fait la stipulation secrète à l'occasion du traité d'Amiens. C'est encore à dater du même traité que les rois d'Angleterre ne prennent plus le titre de Roi de France, qu'ils s'obstinaient à porter depuis l'usurpation de la couronne de France par Henri VI.

(*Note de l'Éditeur*)

mands et des Angevins, avec la trace gauloise et la marque ineffaçable de la conquête, et ses meurtrissures, on pourrait dire.

Il est assez digne d'observation que les Français abandonnent toujours leurs anciennes coutumes, tandis que toutes les coutumes auliques de l'Europe ont eu pour origine un ancien usage français. Une ordonnance de Henry III enjoint aux gentilshommes de sa chambre « de ne plus négliger dores-en-avant « de porter *leurs clefs d'or* au dossier de leur pour« point, suivant les ordonnances et *l'ordinaire* de la Cour; » et nous voyons aujourd'hui porter des clefs d'or à tous les gentilshommes de la chambre et tous les chambellans du monde, excepté ceux du Roi de France. Le cérémonial du saint Empire, le règlement de la cour d'Autriche et l'étiquette du palais de Madrid sont évidemment établis sur la *loy des honneurs de la cour de Bourgogne*, mais en aucun pays et chez aucun peuple, l'origine et l'imitation ne sont aussi visibles et plus méconnues qu'en Angleterre. Tous les antiquaires anglais s'accordent pour le nier, et l'opiniâtreté qu'ils y mettent est prodigieusement ridicule, en ce qu'ils ne sauraient empêcher que le serment, les statuts et les inscriptions des ordres royaux, comme aussi toutes les principales formules de la couronne et de la chancellerie d'Angleterre ne soient purement et simplement des phrases françaises. Le Chancelier de la Grande-Bretagne est encore obligé, deux fois par an, de proférer judiciairement, si ce n'est judicieusement : *Le Roi remercie son bon peuple de son bénévolence*. Enfin tous les monumens numismatiques et lapidaires, les temples et les palais des Rois anglais, leurs tombeaux, l'écu britannique et jusqu'à la monnaie du pays, tout est couvert d'insignes, de cris gaulois et de légendes françaises. Les sujets anglais ne peuvent pas même adresser la parole à leur souverain sans lui parler français et sans l'appeler Sir; ils disent Madam à leur Reine et non pas *Milady*. Voilà qui me paraît mortifiant pour la jactance anglicane; mais ce que je trouve admirablement curieux, c'est que le Roi d'Angleterre touche encore les écrouelles en sa qualité de *Roi de France!* Je passe condamnation sur son titre de *défenseur de la foi*. Lilia non laborant neque nent; les lys ne travaillent ni ne filent et sont plus superbement vêtus que Salomon dans toute sa gloire. MM. les Anglais ont eu beau faire, la pourpre des autres Rois ne saurait égaler l'éclat des lys.

Pour sa part de la succession des Sobieski, la Reine Marie-Clémentine avait eu, sans compter de belles terres en Pologne et trois millions d'écus romains, un lit de parade et trois rubis inestimables. Ce lit superbe était un trophée de la bataille de Vienne, et l'étoffe en était provenue de la courtine où l'on abritait l'étendard de Mahomet avec l'alcoran. C'était un brocard de Smyrne à fond d'or avec des versets islamites écrits en turquoises et perles fines. Les cadres de la tenture et de la couche, qui valaient sept cent mille livres tournois, étaient en vermeil admirablement ciselé, sans parler de leurs dessins à l'émail avec des pierres de couleur à profusion, comme on en voit dans les contes arabes. Cette riche monture était un présent de la noblesse immédiate de l'Empire au Roi Jean III, en rémunération de la délivrance de Vienne. (Vous saurez que l'Empereur Léopold ne voulut pas recevoir chez lui le grand Sobieski, son libérateur, à raison d'un embarras pour l'étiquette, attendu qu'un roi de Pologne n'est pas un monarque héréditaire. On dirait que l'Empereur d'Allemagne ne serait pas un monarque électif, lui-même?)

Les trois rubis de S. M. Britannique avaient été trouvés dans la tente où le grand-visir Amurat avait parqué ses femmes, à la très-illustre bataille de Choczim. Ce sont des pierres orientales de la plus vieille roche. La plus grande est circulaire, et les deux autres en forme de pendeloque. C'est d'après mon avis qu'on les a fait garnir en feuillage d'émeraude et monter comme une rose avec deux boutons (1).

On a remarqué que les trois quarts des Anglaises sont timbrées, et particulièrement celles qui voyagent. Je me souviendrai toujours d'une certaine Duchesse de Bedford, qui ne pouvait porter que le titre de Comtesse en présence des Majestés du palais Borgia, et qui, bien que son mari fût hanovrien fanatique, avait sollicité la permission de faire sa

---

(1) Ces belles pierres ont été léguées à la sacristie du Vatican par le fils de Marie-Clémentine Sobieska, le Cardinal-Duc d'York, mort à Rome en 1807. Mme la Comtesse d'Albany, veuve du dernier Prétendant et belle-sœur de ce Cardinal, a vendu le lit de la Reine sa belle-mère à un juif de Florence mais ce n'était pas la première et ce n'est pas la dernière ou la plus forte preuve d'indélicatesse dont elle a scandalisé l'Italie.

(*Note de l'Éditeur.*)

cour aux Stuarts exilés, par la raison qu'elle était *non dépendante!* — Votre Majesté, dit-elle un jour à la Reine, en français, mais avec un accent anglais et des mouvemens de figure inconcevables : voici la femme de mon fils, Miladi Marquionesse de Tavistock, que j'ai l'honneur de produire à vous, Madame, et qui parle français très-bien ; très-bien chante, et souvent la chanson charmante que lui apprit la parisienne gouvernante. — Marquionesse, ayez la bonté pour la chanter à la Reine et la Marquionesse de Créquy. — Oh! non, répondit sa belle-fille. — Allons, Marquionesse, ayez donc la bonté! Si vous chantez la française chanson, vous aurez pour vous ma robe à caros flambés que vous admirez tant! (Tout ceci se passait dans le grand salon de la Reine avant que nous fussions assises.) La belle-mère ajoute quelques mots en anglais, et voilà Miladi Marquise de Tavistock qui se met à nous chanter dans le fond de sa gorge·

> Ah! qu'il est donc bon
> Le poil de mouton,
> Quand il est tondu dans sa saison !
> On en fait des mitaines,
> Des Capuchons aux moines,
> On en fait des aumusses,
> Des manteaux aux pique-puces;
> Ah! qu'il est donc bon
> Le poil de mouton,
> Quand il est tondu dans sa saison !

Cette agréable et spirituelle composition n'avait pas moins de sept à huit couplets; et comme je craignais d'éclater de rire, en m'impatientant de me tenir sur mes jambes pour écouter de pareilles bêtises, j'interrompis la chanteuse en demandant au Cardinal Pamfili des nouvelles de sa santé ! La Duchesse de Bedford alla disant partout que les françaises Marquionesses n'étaient pas polies.

On procédait cependant aux dispositions intérieures du Vatican pour la tenue du Conclave, et la Reine d'Angleterre eut la bonté de me prendre avec elle, afin d'en aller voir les préparatifs. Il ne fallait pas moins qu'un privilége de tête couronnée pour obtenir pareille faveur, car une autre femme, et si qualifiée qu'elle soit, ne passe jamais le seuil du Vatican, et les audiences que le Saint-Père accorde aux plus grandes Dames étrangères aussi bien qu'aux Princesses Romaines, ont toujours lieu dans la sacristie d'un couvent de filles. Je ne vous parlerai pas de la porte murée, ni du tour, ni de la chapelle du Saint-Esprit, et je vous renvoie aux lettres de M. de Coulanges pour tous ces détails ordinaires à l'intérieur d'un Conclave ; je vous dirai seulement que ce qui m'y parut le plus remarquable était l'uniforme solennité de ces 72 appartemens dont la principale pièce était tendue, parois, voûte et plancher, en damas violet et sans autres meubles qu'un crucifix doré, deux torchères dorées avec des cierges en cire jaune, un fauteuil couvert de même étoffe, et finalement un prie-Dieu garni de sa draperie et de son coussin, le tout en velours violet, ajusté de crépines et de glands d'or. Les chambres à coucher des Cardinaux électeurs ne sont que des alcôves adhérentes à la cellule de leur Conclaviste.

A propos de Conclaviste, je vous dirai que le Cardinal de Gèvres en avait un qui s'appelait l'Abbé de Beaumont; j'aurai l'occasion de vous en parler souvent et pendant long-temps, car il est mort Archevêque de Paris en 1781. C'était alors un joli garçon de 18 à 20 ans, qui était modeste comme un ange et qui mangeait comme un diable. Il était curieux d'antiquités et courait perpétuellement dans la ville et la campagne de Rome.

Le Cardinal avait pour Caudataire un autre abbé français avec qui le petit de Beaumont faisait parfois ses excursions d'archéologiste ou ses pèlerinages extra-muros, et voilà qu'un soir ils se trouvèrent obligés de rester à coucher dans une auberge à cause d'un violent orage. Le Caudataire alla se coucher sans vouloir souper, ce qui n'aurait pas accommodé le Conclaviste, et quand il eut fini sa réfection, voici qu'on lui donne une petite lampe en lui disant de s'aller coucher à côté de son camarade (on n'avait pas d'autre lit à leur donner); — La petite porte à droite au fond du grand corridor à gauche, au rez-de-chaussée; vous monterez deux marches; il était impossible de s'y tromper, et le voilà qui s'établit à côté de son compagnon.

Il faut vous dire que cette chambre avait autrefois servi de cuisine, et qu'on entretenait dans l'âtre un feu de racines et branches de genièvre, afin d'y faire sécher et fumer des quartiers de porc. Cinq à six minutes après s'être mis au lit, l'Abbé de Beaumont voit ouvrir la porte et voit entrer une jolie fille avec un grand garçon qui vont s'agenouiller modestement aux deux angles de la cheminée et qui se mettent à réciter les litanies des saints. Le garçon s'était insensiblement rapproché de la jeune fille en marchant avec ses genoux, et quand il fut tout auprès d'elle, il entreprit de l'embrasser, ce qui la fit bondir jusqu'à l'autre bout de la chambre, en s'écriant : — Impie ! — Mécréant ! — Devant un mort !.... L'Abbé de Beaumont s'aperçoit alors qu'il y a tout à côté de sa jambe une autre jambe toute froide ; il fait un mouvement pour se retourner, et ceci lui fait envisager la figure inconnue d'un horrible défunt !.... Pensez comment il sortit de ce lit brusquement, et jugez la frayeur de cette honnête fille !

CHAPITRE VIII.

Intrigues à Rome en faveur de Dubois. — Le Comte de Froulay refuse d'y participer. — Il se retire à Venise. — Son rappel en France. — Le Pape Innocent XIII. — Sa famille et les Princes romains du nom de Conti. — Mort du Pape Michel Conti. — Présomption sur la cause de sa mort. — Un brigand romagnol. — Absolution donnée par le Pape *in caso particolare*. — Le Cardinal grand-pénitencier. — Les cas de conscience. — Opinion du Saint-Office en désaccord avec celle du Clergé français. — Présentation au Saint-Père. — Souvenir du Duc de Créquy. — Il avait été insulté par la garde corse. — Réparation de la cour de Rome. — La pyramide du Vatican. — Lettre de Louis XIV au Pape Alexandre VIII. — Mot du Pape Innocent XIII à propos du même Duc de Créquy. — Le Doge de Gênes. — Le Prélat brocanteur. — L'amour et la peste. — L'Abbé de Tencin. — Son procès avec des Jansénistes. — Libelles contre lui. — Ses charités dans son diocèse de Lyon. — Calomnies contre sa sœur la Comtesse de Tencin. — Jean le Rond, surnommé d'Alembert. — Moqueries de Voltaire au sujet d'une illusion de ce philosophe.

. . . .
. . . .
. . . .
. . . .
. . . . et tout aussitôt qu'on sut la mèche éventée, on rappela précipitamment le Père Laffitau qui fut désavoué, ce qui va sans dire, et qui laissa tous les papiers de notre Ambas-

sade au Prince Armand-Gaston de Rohan. Celui-ci ne pouvait accepter la qualité d'Ambassadeur à cause de sa dignité de Cardinal, qui prime d'honneur sur l'autre, mais il prit le singulier titre de chef de la mission chargée des affaires du Roi de France à Rome.

Telle avait été la condescendance et la faiblesse de ce pauvre moine; mais quand il fallut mettre en délibération d'avoir à satisfaire l'amour-propre et l'ambition de M. l'Abbé Dubois, mon père alla déclarer qu'il se retirait de la négociation. Ce fut en vain qu'on entreprit de l'y faire intervenir, ne fût-ce au moins qu'à titre d'assistance et de conseil; il persévéra jusqu'à la fin dans l'inaction, la froideur, et, je puis ajouter, le juste mépris qu'il avait manifesté pour cette manœuvre (1). Il alla jusqu'à dire à M. de Sisteron que ses instructions, à lui Comte de Froulay, ne portaient rien d'analogue à l'objet de cette lettre, ce qui lui paraissait plus sensé qu'à M. Dubois n'appartenait, attendu qu'il n'aurait jamais voulu se charger de pareille mission. Il en fut conférer prudemment avec les autres Cardinaux français qui n'étaient certainement pas d'humeur à vendre le Saint-Esprit, sans compter qu'ils n'avaient nulle envie de se déshonorer aux yeux du Sacré-Collège à titre de Simoniaques, et voilà ce qui fit que M. le Régent et M. Dubois furent obligés d'en res-

---

(1) Il n'était pas encore question de solliciter le chapeau rouge pour l'Abbé Dubois, et c'était seulement un titre d'Archevêque *in partibus* qu'on voulait obtenir pour lui.

(*Note de l'Auteur.*)

ter là pour cette fois-ci. Je vous ai déjà dit que mon père était parti pour Venise avant la fin du Conclave, et comme il avait rempli la mission d'un gentilhomme et d'un chrétien, au lieu de remplir l'office d'un commissionnaire de M. le Duc d'Orléans et d'un mandataire de l'Abbé Dubois, il y trouva (c'est à Venise) ses lettres de rappel et de récréance que le favori du Régent avait eu la précaution de faire anti-dater, car il y avait toujours de la fourberie, de la faiblesse et de la lâcheté dans tous leurs actes de *rouerie*. Mon père alla tout aussitôt signifier son rappel à son bon ami le Duc de Venise, Jean-Marie Cornaro, qui nous avait fait inscrire au livre d'or, et qui avait été long-temps Ambassadeur en France; enfin, mon père arriva joyeusement à Paris, où vous pouvez bien penser qu'il n'a jamais voulu remettre les pieds chez M. le Duc d'Orléans.

Il est douteux que l'ancien chargé d'affaires de France eût pu trouver dans tout le Sacré-Collège une seule oreille ouverte aux insinuations du Régent et de son protégé; mais dans tous les cas, l'élection du Pape Innocent XIII aurait pleinement démontré l'inutilité de leurs intrigues.

Michele-Archangelo Conti, Prince des États Romains et du Saint-Empire, était issu de ces immenses et fameux Princes de Conti, Ducs de Toscanelle et de Pola, lesquels avaient déjà fourni cinq Papes et vingt-trois Cardinaux à l'église romaine. Il était le quatrième enfant du Prince Charles Conti, Duc de Guadagnole et Grand-Maître héréditaire du Palais-Apostolique. Sa mère était la sœur du Duc de Muti d'Acqua-Sparta, sa sœur avait épousé le fils aîné du Connétable Colonne ; enfin toutes les alliances de leur famille étaient les plus illustres de la Ville et du Patrimoine de Saint-Pierre. Vous pouvez juger s'il était de la faction romaine *in toto corde, vicieris et medulat,* comme disait l'Abbé Phélippeaux d'Herbaut, qui parlait quelquefois latin *comme vous voyez.* Avant d'atteindre à la barette, il avait été Nonce apostolique en Portugal et à Madrid. Il était un des *porporati zelanti* les plus papables et les moins papifians, car il se maintenait dans une réserve impénétrable et continuelle. C'est justement là pourquoi la France ou l'Autriche n'auraient jamais eu l'idée d'entraver son exaltation, qui se trouva déterminée par un compromis fractionnaire après quarante-quatre jours de conclave. Il avait choisi le même nom que le Pape Innocent III, le plus illustre des Conti qui fût monté sur le Saint-Siége (en 1198). Il était profondément religieux, conciliant, affable, humble devant Dieu, bien qu'il eût conservé devant les hommes un grand air de haute noblesse, avec certains mouvemens de physionomie, qui dénotaient les traditions du laticlave et l'hérédité du patriciat romain. Il était d'une austérité rigoureuse envers lui-même ; il était pour les autres indulgent et doux comme un *agnus Dei.* Il aimait l'architecture et les arts libéraux. Enfin c'était un choix infiniment agréable à la majorité des Cardinaux, et c'était, du reste, *uno Papa di tempo,* valétudinaire et septuagénaire.

J'ai déjà dit comment tous les efforts de la faction

d'Autriche avaient été réunis et dirigés contre l'élection du Cardinal Ottoboni, grand ami des Français. Je ne sais véritablement ce qu'il aurait pu faire de plus et de mieux pour complaire à M. le Régent, que ne fit le Cardinal Michel Conti, qui fut exalté Souverain Pontife à la satisfaction de l'Autriche, en dépit de la France, et qui mourut, dix-neuf mois après, de chagrin, pour avoir eu la faiblesse d'accorder la pourpre romaine à l'Abbé Dubois.

Ne craignez pas que j'abuse de la circonstance où nous nous trouvons pour vous parler des palais et des ruines de Rome. J'aimerais cent fois mieux vous parler des buffles et des pigeons romains ! J'aurais du moins la chance et l'espérance de vous dire certaines choses nouvelles, et je suis tellement excédée du faux savoir, du faux enthousiasme et des répétitions continuelles de nos voyageurs, que j'en ai pris l'Aurore du Guide et l'Aurore du Guerchin dans une égale animadversion ! J'aimerais mieux vous conter une histoire de voleur, mon petit Prince ; et si vous voulez entendre la belle histoire du brigand Marto, dont tout le monde parlait à Rome en 1721, approchez-vous pour écouter votre grand'mère.

Il y avait une fois, dans une ville de la Romagne, appelée Palestrine, un armurier qui s'appelait Domenico Marto. Il se promenait solitairement tous les soirs, après le coucher du soleil, sur la grande place de la cathédrale, avec une épée de longueur et des pistolets à sa ceinture : il était le beau-frère du barrigel, et tous les sbires de la principauté Colonna le saluaient avec un air d'intelligence.

On savait qu'un riche bourgeois de la ville était venu lui dire un soir : — Domenico, voici cent onces d'argent que je vous donne. Dans une demi-heure d'ici, vous allez voir passer deux jeunes gens qui seront en habit d'écarlate; vous vous approcherez d'eux avec un air de mystère, et vous leur direz à demi voix : — N'êtes-vous pas le Chevalier Feltri? Celui-ci vous dira : — C'est moi. Vous lui donnerez un coup de poignard, et dans le cœur, si vous pouvez; l'autre jeune homme est un poltron qui ne manquera pas de s'enfuir, et vous achèverez Feltri, s'il en est besoin. Il est inutile que vous alliez vous réfugier dans une église; retournez tranquillement chez vous où je ne manquerai pas d'aller vous retrouver.

Dominique exécuta ponctuellement les instructions du mari jaloux; et sitôt qu'il fut rentré dans sa boutique, il y vit arriver ce riche bourgeois dont il avait servi le ressentiment. — Je suis très-content de ce que vous avez fait pour moi, dit-il à Dominique; et voici encore une bourse de cent onces que vous allez partager avec le premier officier de justice qui viendra chez vous. Le chef des sbires entra bientôt dans la boutique de l'armurier, sous prétexte d'y marchander une espingole, et sans autre explication Marto lui mit dans la main les cinquante onces destinées à la justice de Palestrine; après quoi, le chef des sbires invita l'armurier à venir chez lui pour y faire un souper d'amis. Ils se rendirent à son logement, qui touche à la **prison publique**, et ils y trouvèrent pour convives **le barrigel** avec le geôlier de la **carcera principata**.

— Signor Marto, lui dit-on, les messes de la cathédrale ne sont qu'à douze taris la pièce. On dit que le chevalier Feltri a été poignardé ; faites-en dire une vingtaine pour le repos de son ame et n'en parlons plus. Le reste de la soirée fut assez gai.

On disait aussi qu'un autre jour, un domestique inconnu était venu lui proposer de le suivre à la porte de la ville, et qu'il y trouva un homme âgé, très-bien mis et accompagné par quatre valets à cheval. Le même seigneur lui dit : — Maestro Marto, voici deux bourses de cent scudi : je vous prie de venir avec moi jusqu'à mon château, mais ne vous refusez pas à ce que je vous fasse bander les yeux. — Volontiers, répondit l'autre, et après une heure de marche, ils arrivèrent au vieux château du Duc d'Andria, comme on l'a su quelque temps après.

On détacha le bandeau qui couvrait les yeux du bravo, lequel se vit dans une chambre superbe, où se trouvait une jeune femme attachée sur un fauteuil, et baillonnée par une poire d'angoisse, de manière à ne pouvoir pousser que des cris inarticulés.

Le vieux Seigneur lui dit : — Mio bravo, je vous dirai que mes valets ne sont que des poules mouillées ! et vous saurez que je n'ai plus le poignet assez vigoureux pour porter un coup assuré. En conséquence, ayez la complaisance de poignarder ma femme.

Domenico lui répondit : — Excellence, on vous a trompé sur mon compte. J'attends des gens (qui peuvent se défendre) au coin d'une rue, ou je les attaque résolument dans un bois ; mais je ne veux pas mettre à mort une signora qui est garottée dans un fauteuil de velours, et baillonnée par une figue de Venise : c'est un office de bourreau qui ne saurait convenir à un homme d'honneur. Et voilà Domenico qui jette les deux bourses aux pieds de cet époux vindicatif.

Celui-ci n'osa pas insister avec une indiscrétion mal séante. Il pria l'armurier de se laisser encore une fois bander les yeux, et puis il le fit reconduire jusqu'à la porte de la ville. Cette action délicate et noble avait fait beaucoup d'honneur et d'amis à Domenico Marto, mais il en est une autre qui fut encore approuvée plus généralement (1).

Il y avait dans les deux cités de Palestrine et de Gallicano deux familles rivales et deux hommes de qualité qui ne se pouvaient pas souffrir. C'étaient les Cirulli, qui provenaient d'un Échanson du Connétable Pompée Colonna, Prince de Palestrine, et les Serra d'Ognano, qui descendaient d'un Thuriféraire du pape Martin V (Othon Colonna). Le Comte Cirulli fit appeler Dominique et lui proposa mille écus s'il voulait assassiner le Marquis d'Ognano ;

---

(1) On allait jusqu'à nommer ces personnages indiqués par la clameur populaire ; ce mari jaloux devait être Tiberio Caraffa, Duc d'Andria, Comte de Montecalvo et Prince de l'Académie des *Otiosi* de Naples ; le nom de sa malheureuse femme était Aureliane Imperiali de Francavilla, et dans tous les cas, le Duc d'Andria ne pouvait plus sortir de ses fiefs de Sicile, attendu que les tribunaux romains et napolitains l'avaient condamné à mort en 1718.   *(Note de l'Auteur.)*

le digne armurier s'en chargea; mais il demanda du temps, parce qu'il avait su que le marquis se tenait sur ses gardes.

Deux jours après, celui-ci fit appeler Domenico Marto dans un lieu très-solitaire et très-écarté : — Mon ami, lui dit-il, voici une bourse de cinq cents sequins d'or, à l'effigie de Saint Marc de Venise : elle est à vous si vous me promettez de poignarder Cirulli.

Domenico prit la bourse et lui répondit : — Seigneur Marquis, je vous donne ma parole d'honneur de tuer Don Fabio Cirulli, n'importe avec quoi, ni comment; mais il faut que je vous dise une chose, c'est que je lui avais déjà donné ma parole de faire mourir Votre Excellence.

Le Marquis lui répondit en souriant : — J'espère que vous n'en ferez rien, désormais? Mais Marto lui répliqua sérieusement : — Pardonnez-moi, Excellence, je l'ai promis et je vais m'en acquitter.

Le Marquis d'Ognano voulut tirer son épée, mais l'armurier prit un pistolet à sa ceinture et fit sauter la cervelle au Marquis; ensuite il se rendit chez M. le Comte auquel il annonça que son ennemi n'existait plus.

Cet honorable gentilhomme en fut bien aise, il embrassa Marto sur les deux joues, il lui fit boire de son vin de Syracuse et du Lacryma-Christi de la meilleure année; il lui fit donner une superbe lame en acier de Damas, et finalement il acquitta son obligation des mille écus romains.

Dominique alors se prit à lui dire, avec un air embarrassé, que le Marquis d'Ognano lui avait également promis, pour l'assassiner, cinq cents sequins qui lui avaient été payés d'avance. Le Cirulli dit à l'armurier qu'il était charmé d'avoir prévenu son ennemi... — Seigneur Comte, lui répliqua cet homme de conscience, cela ne vous servira de rien car j'avais donné ma parole d'honneur... et ce disant, il applique à Cirulli deux coups de stylet qui lui percent le cœur. Les domestiques du Comte étaient accourus au cri qu'il avait fait en tombant; mais Marto se débarrassa d'eux à coups de poignard, et s'enfuit dans les monts bénéventins, où tous les brigands d'Italie vinrent se rallier autour de lui. C'est un acte de probité qui se trouvait alors dans toutes les bouches plébéiennes; les bandits sont les héros du peuple dans tout le midi de l'Italie; et je pense que dans la Romagne Emiliane et Flaminienne, on parlera long-temps *del bravo Domenico Marto* (1).

Au moment où le pape Innocent XIII faisait son entrée dans la Basilique de Saint-Jean de Latran qui est l'église cathédrale de Rome, car celle de Saint-Pierre n'est, à proprement parler, qu'un grand oratoire et que la chapelle palatine du Vatican, ceci dans la hiérarchie sacerdotale, au moins, et suivant les traditions presbytérales de la ville sainte, je vous dirai que je m'y trouvais placée

---

(1) Un anonyme a fait imprimer une partie de cette anecdote en 1819, sans nom d'auteur et sans autre embarras que celui d'y changer les noms des personnages et celui de la ville.

Il est assez connu que les deux opuscules attribués à cet anonyme ont été copiés dans un manuscrit intitulé *Mémoires inédits du Comte de Cagliostro*. L'éditeur des *Souvenirs de M*me *de Créquy* a déjà réclamé dans les journaux contre cet abus de confiance. (*Note de l'Éditeur.*)

dans une tribune, à côté de la Duchesse d'Anticoli, belle-sœur du Pape, et qu'on y vit s'exécuter subitement, au milieu de la nef et du cortége, un temps d'arrêt, précédé par une sorte de mouvement tumultueux dont il était impossible de s'expliquer la cause. Nous vîmes ensuite que toute cette foule empourprée, solennelle et surdorée des Princes de l'Eglise et des Princes *du Soglio*, s'éloigna du Saint-Père en laissant un grand cercle vide autour de lui. Les douze caudataires du Pape avaient laissé tomber son immense robe de moire blanche qui couvrait, derrière lui, peut-être bien soixante palmes de ce beau pavé de Saint-Jean de Latran. (Je me rappelle que ces caudataires étaient revêtus de vastes simarres en étoffe d'or avec des bordures en velours cramoisi.) Cependant, le Pape était resté debout, tout seul au milieu de la nef, la tiare en tête et sa crosse d'or à la main. — *Chi sa? Chi non sa? Che sarà dunque?* — C'était un transtevère, un villanelle, un soldat peut-être, et c'était dans tous les cas un homme du peuple avec un air sauvage et la figure d'un bandit, qui avait demandé à se confesser au Souverain Pontife, afin d'en obtenir l'absolution d'un *caso particolar e pericoloso*. Le Saint Père n'avait pas voulu se refuser à cette demande, qu'il aurait pu trouver téméraire, en bonne conscience, et sans manquer à la charité pontificale, il se fit *spontanément*, comme on a dit pour la première fois à l'assemblée nationale, un profond silence, et pendant cette confession, qui dura huit ou dix minutes, notre Saint Père eut constamment son oreille inclinée jusqu'à la bouche de ce villageois qui était agenouillé à ses pieds. Je remarquai que tout de suite après avoir entendu les premiers mots de cet aveu, la figure du Pape était devenue d'une pâleur extrême : il avait eu l'air d'éprouver un saisissement douloureux, un sentiment d'effroi compatissant et de consternation. Après avoir proféré quelques paroles à voix très-basse, il imposa une de ses mains sur la tête du pénitent auquel il fit baiser l'anneau du Pêcheur, et Sa Sainteté (c'est un mot qui n'est pas ici de simple formule) éleva pour lors sa tête et ses yeux vers le ciel, avec un air de simplicité, de miséricorde et de majesté surhumaine! — Les Cardinaux-chefs d'ordres, les Princes romains, les Patriarches latins et grecs, avec les autres Assistans du Soglio, reprirent leurs places auprès du Souverain Pontife : la magnifique procession se remit en marche, et cet homme alla se perdre dans la foule.

Le peuple imagina que c'était Domenico Marto, mais le Cardinal Grand-Pénitencier nous dit qu'il n'en croyait rien.

Le Cardinal Paulucci, Archevêque-Évêque d'Ostie et Vicaire-Général du Pape, était Grand-Pénitencier Catholique et Préfet de l'inquisition romaine et universelle. Il avait été confesseur du Pape Innocent XI; c'était le plus docte entre les docteurs et les directeurs prudens ; c'était le miroir des trois vertus théologales et des vertus cardinales, au nombre de sept, y compris la Sagesse et la Mansuétude, avec l'esprit de Discernement et de Soulagement, que les casuistes ont toujours classés parmi les dons les plus précieux du Paraclet.

Nous avons eu souvent des conférences ou plutôt des conversations théologiques ensemble, et je ne manquai pas de lui soumettre certains cas de conscience sur lesquels il m'avait semblé que nos directeurs et nos casuistes gallicans ne décidaient pas et n'agissaient point avec assez d'uniformité. Il m'avait donné ses réponses écrites en français qu'il savait et parlait à merveille (il avait été nonce à Paris, pendant sept ans), et vous allez juger par ces réponses quels étaient les points litigieux sur lesquels j'avais consulté son Éminence.

« Le rouge sur les joues me paraît à peu près comme
« la poudre sur les cheveux. Chose de coutume et de cos-
« tume. Il est bon d'en mettre assez, quand on en doit
« mettre, pour ne pouvoir pas être suspectée d'intentions
« décevantes ou d'affectation juvénile, ce qui risquerait
« de troubler les uns ou scandaliser les autres. »

« L'usage du masque n'a rien d'irréligieux en lui-
« même. Nos grands'mères en portaient en guise de
« voiles, et même ne le détachaient dans les églises que
« pour y recevoir le sacrement, comme on ôte encore
« aujourd'hui son chapeau et ses gants dans certains cas,
« en signe de respect. Le péché ne saurait être et n'est
« point dans l'application du masque sur le visage. Le
« cas de conscience ne saurait être que dans les inten-
« tions ou les résultats de la mascarade, dont on n'est
« obligé à s'abstenir que lorsqu'on y peut trouver et pré-
« voir une occasion prochaine de pécher. C'est à la
« conscience à prémunir contre ce danger. »

« Que si l'on habite un pays où les comédies ne soient
« pas ou soient mal censurées, et que, par suite et
« conséquence, aller aux théâtres y soit sujet de trou-
« bles intérieurs ou de scandale pour le prochain, on
« s'en doit abstenir.

« Que si l'on est en pays où lesdites représentations
« soient prudemment châtrées et que les séculiers bien
« vivans ne s'en abstiennent point, j'estime qu'on y
« peut aller en sûreté de conscience. »

« Quant à l'abstinence de boire afin de ne point
« rompre son jeûne, on n'y saurait être obligé que pour
« le jeûne sacramentel en bonne santé, pourvu néan-
« moins que le malaise enduré par suite de l'altération
« puisse occasionner une préoccupation qui gêne consé-
« cutivement durant plus de dix minutes. C'est à cette
« règle d'hygiène à déterminer cette relâche péniten-
« tielle. Il n'est permis d'user alors que de boissons pu-
« rement désaltérantes et nullement nourrissantes, à
« raison de ce qu'il ne s'agit que de se préserver d'une
« inflammation d'intérieur. L'emploi du sucre ou du
« miel est tolérable pour cet effet, mais non pas celui
« du lait ou du vin, de la cervoise et autres boissons
« fermentées; sinon dans tous les cas, d'incommodité
« sérieuse, où nulle abstinence n'est de précepte, ainsi
« qu'il est assez connu. »

« Pour les alimens dont il est permis d'user au repas
« de collation, les jours de jeûne, il y a si grande di-

« versité dans les coutumes, et de plus, les climats et
« les habitudes y doivent influer tellement sur les or-
« donnances de l'autorité diocésaine, qu'on n'est point
« obligé de s'en tenir à l'une ou l'autre de ces coutumes
« en changeant de lieu, vu qu'on a changé d'Évêque.
« Ce qu'il est bon de suivre et d'observer, c'est l'usage
« des personnes les plus régulières du diocèse où l'on se
« trouve. C'est la seule prescription qu'on vous puisse
« et doive indiquer à ce même sujet, prudemment et
« justement. »

« Que si vous manquez à ouïr la sainte messe en votre
« église paroissiale, de trois dimanches l'un, suivant
« une prescription disciplinaire qui n'est pas exigée
« dans la ville capitale du monde chrétien, non plus que
« dans les évêchés suburbicaires, et non plus que dans
« tout le reste de l'Italie, où l'on s'en tient simplement
« au commandement de l'église, lequel commandement
« n'astreint en nulle sorte à ladite prescription gallicane
« d'assister, à la messe de sa paroisse, de trois diman-
« ches l'un, vous n'en devrez avoir aucun scrupule ; et
« que si vous manquez à vous en accuser en confession,
« nous estimons que vous ne pécherez point. »

Je ne vous en dirai pas davantage au sujet de mes cas de conscience, attendu que les autres décisions du Grand-Pénitencier portaient sur des choses qui ne sont nullement applicables à une personne de votre âge et qui ne serait pas mariée. Je vous dirai que j'aurais cru pécher mortellement en allant encourager et voir applaudir les comédiens de Paris ; tout le monde pourra vous témoigner qu'on ne m'a jamais vue dans aucune salle de spectacle en France, mais toujours est-il vrai que j'ai laissé dire et prêcher les Abbés jansénistes ou gallicans, pour le surplus, sans m'en embarrasser non plus que du Prêtre-Jean d'Éthiopie. Nous étions à Paris sept ou huit dévotes pour lesquelles ces explications du Cardinal-Vicaire ont été d'un grand soulagement. Cette pauvre Abbesse de Panthemont avait toujours étranglé de soif en carême et les jours de jeûne, jusque-là que je lui fisse voir ce document dont nous prîmes autorisation pour boire de l'eau d'orange ou de l'eau d'épine-vinette autant qu'il en faudrait.—*Liquidum jejunium non frangit.*—Je vous en crois, me disait-elle, en s'en donnant à cœur-joie! La petite de Richelieu nous demanda la traduction de cette phrase latine; c'était au parloir de sa tante, et ma cousine du Châtelet lui répondit agréablement que cela voulait dire : « Mme de Créquy m'a tiré une fière épine du pied. » Voilà ce que Mme du Châtelet a jamais dit, *véritablement* de plus ingénieux. Cette agréable repartie avait toujours le plus grand succès dans son salon géométrique, où l'on a répété pendant vingt-cinq ou trente ans que c'était la plus bonne plaisanterie du monde. Voltaire en étouffait de rire et Mairan s'en pâmait. Il n'y avait là que Fontenelle et Mme de Boccage qui se possédassent raisonnablement, ce qui faisait dire à Mme du Châtelet qu'ils *étaient insensibles à l'esprit des autres.*

Nous avions rencontré plusieurs fois le Cardinal-

Prince Conti chez les Cardinaux de **notre nation**, où cette Éminence romaine avait toujours montré pour nous beaucoup de prévenance. Il n'en fallut pas moins se faire présenter au **Pape Innocent XIII**, et Sa Sainteté voulut bien nous faire prévenir qu'elle nous admettrait *con ogni piacere*. M. de Créquy s'empressa de se rendre au Vatican, et pendant toute l'audience, qui dura trois quarts-d'heure, il ne fut question que du Cardinal de Créquy, du Duc de Créquy, Charles II, et du Maréchal de Créquy, Charles III, dont la mémoire était restée présente à tous les anciens du Sacré-Collége.

Montaigne a dit avant moi combien il est fastidieux de « ramentavoir et longuement destailler les » choses cognües et contenues ez livres d'histoire; » aussi ne vous *ramentavoirai*-je en aucune façon les démêlés du Pape Alexandre VIII avec Louis XIV., non plus que cette audacieuse entreprise d'insulte contre le Duc de Créquy, son ambassadeur, par des soldats de la garde pontificale, en plein jour et dans la rue du Corso. Je vous dirai seulement qu'un des pages de l'Ambassadrice, appelé M. de Polignac, avait été tué derrière son carrosse, et que ces misérables soldats avaient assailli de coups de pierre la Marquise de Créquy, belle-sœur du Duc, à sa sortie de l'église de Saint-Louis-des-Français (1). L'Ambassadeur de France se retira d'a-

---

(1) Catherine de Rougé du Plessis-Bellière. Elle nous a laissé des manuscrits dont je vous recommande la lecture. Cette relation de son voyage à Rome est écrite avec un esprit et un agrément infinis. (*Note de l'Auteur.*)

bord sur les terres de Naples, au pas de ses chevaux, escorté par ses gentilshommes et sa livrée, comme aussi par tous les sujets du Roi qui se trouvaient dans l'État romain; mais la Duchesse et la Marquise de Créquy restèrent, avec seulement une vingtaine de domestiques, dans Rome et dans leur palais Farnèse, dont on ouvrit, pour lors, toutes les grilles et toutes les portes majeures, avec un air de fière indifférence et de sécurité méprisante, parce que le représentant, ou pour mieux dire l'envoyé du Roi très-chrétien ne s'y trouvait plus (1).

L'inflexible et résolu Pontife en fut attéré. Le gouvernement romain en était paralysé de terreur. Le Duc de Créquy ne voulut écouter aucune explication, recevoir aucune excuse, aucune satisfaction personnelle.

Certains détails de cette étrange affaire n'ont pas

---

(1) Je ne puis jamais laisser dire qu'un Ambassadeur soit le *représentant* du Souverain qui l'accrédite, à moins que ce ne soit par hyperbole emphatique et manière de parler. Un Ambassadeur représente si peu le Roi son maître, à l'étranger, que ni les rois, ni les ministres, ni les particuliers d'aucun pays, n'ont jamais traité un Ambassadeur comme un Souverain. J'ai ouï dire au Chevalier de Folard que le Maréchal de Créquy avait fait arrêter et s'était fait amener un plénipotentiaire de l'Electeur de Mayence, dont on suspectait la conduite et qu'on avait trouvé dans une salle d'auberge à Strasbourg. Le plénipotentiaire se démenait comme un diable, et s'écriait qu'il était le *représentant* de son Altesse Électorale. — Vous représentez si mal un Archevêque, lui dit ce Maréchal à coups de boutoir, qu'on vous a trouvé dans une tabagie, et vous représentez si peu l'Electeur-Archi-Chancelier du Saint-Empire, que je vais vous faire appliquer cent coups de bâton, si vous dites un mot de plus. (*Note de l'Auteur.*)

été bien rendus, ni peut-être bien connus par nos historiographes de France, car notre Ambassadeur avait commencé, comme je vous l'ai dit, par se transporter à Campoli, sous la domination du Roi d'Espagne et des Deux-Siciles; et voici la copie de la première lettre qui fut écrite au Pape Alexandre, par le Roi notre maître, à l'occasion de cet événement. L'original en est aux archives pontificales, d'où Monseigneur Falconnieri voulut bien m'en faire avoir une transcription que je vais copier avec une attention scrupuleuse. (Les inscriptions qui précèdent la lettre du Roi sont du fait de la chancellerie romaine, et sont écrites à l'encre violette.)

Alla Santità del Beatissimo Padre
il Papa Alessandro VIII°, Pontefice Massimo,
    NOSTRO SIGNORE.
        in Roma la santa.

*Settima lettera di sua Maestà, il Re cristianissimo
    Ludovico XIV°.*

30 d'agosto. 1662. RISP. 149. XXV.

« Très Sainct Père, nostre Cousin le Duc de
« Créquy nous ayant fait connoistre l'attentat com-
« mis sur sa personne, le vingt aoust dernier, dans
« les rües de Rome, par les gardes corses de vostre
« Saincteté, nous avons tout aussitost mandé à
« nostre dit Cousin qu'il eust à sortir de vos estats,
« à fin que sa personne et nostre dignité n'y res-
« tent pas exposées à des actes innouïs mesme chez

» les barbares. Nous avons également ordonné au
» Sieur Abbé de Bourlemont, Auditeur de Rote,
» qu'il ait à savoir de vostre Beatitude si elle a
» dessein de nous en proposer une satisfaction pro-
» portionnée à la grandeur de l'offense, laquelle a
» non seullement attaqué, mais indignement ren-
» versé et violé le droit des gens. Nous ne deman-
» derons rien à vostre Saincteté en cette rencontre.
» Elle a pris une si longue habitude de nous refu-
» ser toute chose, et témoigné jusqu'icy tant d'ad-
» version pour nostre personne et nostre couronne,
« que nous voulons laisser à sa seule prudence le
« soin de lui fournir une résollution sur laquelle la
« nostre se reglera : souhaitant seullement de pou-
« voir rester de vostre Beatitude, le très devot et
« révérend fils aisné,

« LOUIS. »

A Versailles, ce 30 aoust 1662.

Il est assez connu que le Souverain-Pontife envoya son neveu (de son nom), le Cardinal Fabio Chigi, avec le titre de Légat *à latere*, pour en demander publiquement excuse au Roi, séant sur son trône, à Versailles. On avait décimé les Corses pour la galère, et la garde corse fut licenciée à perpétuité. Enfin, pour attester la réparation d'un pareil outrage, la cour de Rome érigea dans la grande cour du Vatican une pyramide en marbre noir avec une inscription satisfaisante. Ni M. de Créquy, ni moi, lorsque j'allai dans ce palais avant le conclave, ne voulûmes jeter les yeux du côté de cette pyramide, ce qui fut équitablement apprécié par les Romains, et fort approuvé du Cardinal de Rohan. Nous savons pourtant que les Corses ne sont pas traités charitablement dans l'inscription de cette pyramide, qui les qualifie de nation toujours infâme, odieuse aux peuples, et désormais indigne de servir les Rois. Pour les Corses, avait dit Tacite, *primo vindicta, secundo mentiri, tertio negare Deos.*

Quelques jours après cette entrevue du Pape avec M. de Créquy, j'obtins mon audience personnelle dans la sacristie du couvent des Chanoinesses du Saint-Esprit, où je fus admise à baiser les pieds du Saint Père et recevoir sa bénédiction. M. de Créquy voulut m'y faire l'honneur de son escorte, et le Saint Père ne pouvait se lasser de converser avec lui. Voici les dernières paroles qu'il nous ait dites avec un air de dignité modeste et d'enjouement rempli d'urbanité. — « Nous n'oserions vous dire
« que nous vous aimons infiniment, les personnes
« de votre maison sont trop fières avec les Papes.
« Nous ne saurions vous dire, non plus, que nous
« serions bien aise de vous avoir ici pour Ambas-
« sadeur et pour Ambassadrice, à cause de ce ter-
« rible nom que vous portez, mais nous serions
« bien heureux et fort honoré de vous avoir pour
« sujets du Saint-Siége ; † Benedicat vos omnipo-
« tens Deus ! »

Je me souviens qu'il y avait à Rome, en qualité d'Ambassadeur du Roi catholique, un original de Grand d'Espagne en expectative, appelé le Comte-Duc de Luna. Sa mère était une infante de Montézuma, ce qui lui faisait bien de la peine, et malgré qu'il en eût recueilli des trésors au Mexique avec la titulature des Ducs de Montézuma, c'était toujours un crève-cœur pour lui. Il abhorrait la France, et je crois bien qu'il était contraire à Philippe V et favorable à l'Archiduc au fond de son cœur ; mais toujours est-il qu'il ne parlait jamais que du feu Roi Philippe IV. On nous rapporta qu'il nous trouvait trop prévenans pour lui, et qu'il avait dit un jour, avec un air orgueilleux, que le Roi Don Philippe IV n'ôtait jamais son chapeau que pour le Saint-Sacrement. — *Y de muy mala gana*, répondit le Cardinal d'Arias, amis des Français et fort homme d'esprit, ce qui veut dire également en espagnol : *à contrecœur* et *de mauvaise grâce*. Il était surtout pour le Marquis et pour moi d'une froideur persistante et d'une sécheresse inexplicable, ce qui n'alla cependans jamais jusqu'à l'incivilité, parce que votre grand-père était là. M. le Comte-Duc a pourtant fini par ouvrir son cœur ulcéré contre nous au Cardinal d'Hénin (l'Archevêque de Malines), et voici le motif de son aversion pour votre grand-père. Etant bien jeune et servant sous les ordres du dernier Maréchal de Créquy, lequel était, comme on sait, infiniment brusque et morose, il avait été lui demander congé pour aller voir son père de Mendoce et sa mère de Montézuma qui venaient de tomber malades en Catalogue, et qui, disait-on, le demandaient à cor et à cri, et notez bien que c'était la veille d'une bataille. Le Maréchal de Créquy lui répondit avec son air sombre et fier : — Allez, Monsieur ; *père et mère honoreras, afin de vivre longuement ;* ce qui fut répété dans toute l'armée, d'où venait que ce vieux Castillan de la vieille roche en avait conservé l'horreur des Créquy. Les paroles d'un supérieur à ses inférieurs ne sauraient jamais être assez mesurées, et surtout dans l'état militaire. Vous ne sauriez imaginer combien les duretés et les amertumes du Maréchal de Créquy avaient fait d'ennemis à votre maison ; vous en verrez encore un exemple dont j'ai fait preuve. C'était encore le temps du point d'honneur : on était plus susceptible et plus mémoratif qu'aujourd'hui.

Ce même Comte-Duc avait pour unique espoir de postérité masculine un mauvais garnement de fils, dont on avait long-temps parlé sous le nom de Marquis de Sa, et qui s'appelait alors Osmand-Charry-Bey, sans que l'ambassadeur, son père, en fût déconcerté le moins du monde. Toutes les capitales de l'Europe avaient retenti de ses déportemens, et le vice-roi de Naples avait fini par le faire condamner aux galères, à propos du meurtre d'un chanoine. Ce Marquis de Sa trouva moyen de s'enfuir en Barbarie, où il s'était fait Mahométan chez l'Empereur de Maroc dont il avait épousé les deux filles, *e sempre bene !* Le père en était parfaitement quitte à ses propres yeux pour avoir renié son renégat de fils, et quand il avait à parler de sa maison c'était pour dire qu'elle allait s'éteindre, attendu qu'il était octogénaire, et qu'il était le dernier des Urtado de Mendoça qui avaient droit de chaudière à la cour du Roi Pélage. Et puis c'était des rengorgemens aragonais, des airs de tête andaloux et autres folies d'Espagne à lui faire rire au nez.

J'ai remarqué que l'infamie du père s'étend toujours sur le fils, tandis que la mauvaise conduite du fils n'influe presque jamais sur la considération du père ; et pourtant celui-ci devrait rester sous la responsabilité de son exemple à l'intérieur, et des soins qu'il a dû prendre, et de ceux qu'il a fait donner à l'éducation de ses enfans ; mais il n'importe, et comme la gloire qu'on tire de ses ancêtres est la plus incontestable, le monde en aura sûrement conclu qu'il fallait hériter des charges avec le bénéfice.

Parmi les étrangers qui figuraient à Rome, il se trouvait encore un singulier personnage, Andréa Grimaldi, Noble Génois et proche parent de ma grand'mère de Froulay, qui nous avait dit assez souvent que leur maison marchait en avant des Doria, des Fiesque, et des Spinola, ce qui la plaçait à la sommité de la haute et superbe aristocratie génoise, et ce qu'on accordait aux Grimaldi-Monaco dans toute l'Italie, sans difficulté.

Celui-ci avait été Doges de Gênes, mais il ne s'embarrassait pas beaucoup des affaires de la République, et lorsque le secrétaire du Sénat vint lui dire le *come vostra Serenità* (1), il ne prit que le temps de se dépouiller de la *Stolla Dogarescale* pour monter en chaise de poste et s'aller promener sur la Corniche. Il aurait bien voulu s'avancer jusqu'à Paris, mais le Sénat ne permettait guère aux Patrices

---

(1) « *Come vostra Serenità ha fornito suo tempo, vostra Excellenza sene vadi a casa.* »

Comme votre Sérénité a fini son temps, votre Excellence peut s'en aller chez elle.

génois de sortir de l'Italie, et les poteaux armoriés du Duc de Savoie étaient pour eux les colonnes d'Hercule. Le Duc André s'en fut toucher barre au pont de Beauvoisin ; ensuite il s'en alla sans débrider jusqu'à Otrante (à la pointe de la botte) ; il était allé successivement de tous les côtés, jusqu'aux extrêmes frontières d'Italie qu'il ne pouvait franchir, et c'était pour attacher des regards amoureux et passionnés sur les mers du littoral ou sur les terres ultramontaines. Enfin, ce pauvre captif en plein air était venu s'emprisonner dans Rome la Sainte.

C'était bien le personnage le plus naturellement original de ce grand pays où tout le monde est naturel et par trop naturel quelquefois ; et c'était du reste un beau grand jeune homme à pleine-peau d'un beau blanc mat avec une forêt de cheveux bouclés, de sourcils noirs et de barbe fine. On aurait dit une plante vivace et touffue.

Il était le neveu d'un avare et triste Cardinal Grimaldi, qui n'osait pas manger de peur de boire, et qui était Patriarche d'Antioche *in partibus infidelium*. Le Cardinal était de ces gens qui font d'une cerise trois morceaux et qui gardent les arêtes quand ils mangent du poisson. Le Père Laffitau, Evêque de Sisteron, qui n'était pas moins avare que lui, avait eu pourtant la générosité de lui faire présent de quatre bouteilles de vin de Champagne. Huit jours se passent, et voyant qu'il n'en obtenait aucune promesse en faveur de l'Abbé Dubois, il écrivit à son Eminence pour le prier de lui renvoyer les bouteilles vides, ou tout au moins leurs bouchons. — Vous m'en aimerez peut-être un peu moins, Monseigneur, mais vous m'en estimerez davantage, disait-il en terminant sa lettre. Comme il avait une écriture très-difficile à lire, et surtout pour un Patriarche d'Orient qui ne savait que l'italien, le Cardinal empocha l'épître du moine et l'emporta à la *conversation* de la Princesse de Sainte-Croix, afin de se la faire lire et traduire avec fidélité par quelque Français de considération qui fût digne de confiance et dont la discrétion ne fût pas douteuse. Arrive un Abbé français docte et prudent, et c'était le Conclaviste du Cardinal de Rohan, l'abbé de Tencin, qui se mord les lèvres après lecture faite, et qui répond sérieusement que c'est une écriture impossible à déchiffrer. Ni le Cardinal de Tencin, ni moi, n'avons jamais dit un mot sur tout ceci devant ma grand'mère : elle aurait été surprise et désolée qu'on eût pu se moquer d'un Grimaldi ; mais pour un Spinola, pour un Fiesque ou pour un Doria-Pamfili, je ne dis pas.

André Grimaldi avait à Rome encore un autre oncle, et comme disait toujours M. de Buffon, *c'était une autre paire de manches !* C'était un diable de Prélat-Familier qui était enragé pour faire la contrebande, et qui faisait toujours du commerce et du brocantage au mépris de ses bas violets et des *fiocchi d'oro* qu'il avait à son chapeau, d'où vint qu'immédiatement après la mort du Pape, le Cardinal interrégnant fit publier à son de trompe et afficher dans toutes les rues de Rome qu'il était interdit de rien vendre à Monseigneur Imperiali, Chanoine de Sainte-Marie-sur-la-Minerve, et qu'il était défendu de rien acheter de sa Révérence Illustrissime, sous peines d'interdiction canonique pour les prêtres et de huit écus d'amende pour les nobles, avec huit jours de prison par-dessus le marché pour les simples citoyens romains. Marforio se mit à dialoguer là-dessus avec Pasquin, et le neveu du prélat brocanteur en faisait des rires inextinguibles.

Le Duc André Grimaldi n'avait pas manqué d'avoir des aventures en parcourant toute l'Italie de long en large (et c'est un bon pays pour les aventures). Je me suis toujours souvenue de celle-ci qu'il avait racontée à votre grand-père, et qui venait de lui arriver il y avait sept ou huit jours.

En se promenant dans les alentours de Fermo, tout auprès de la grande route et non loin du bord de la mer, il aperçut un bois épais et sombre, ce n'est pas commun dans la Marche d'Ancône, et l'envie lui prit d'aller s'y reposer et dormir au frais. Son équipage était resté sur la grande route avec ses gens qui s'abritèrent comme ils purent, et ce bosquet lui parut si charmant qu'il oublia de faire sa méridienne et qu'il se mit à s'y promener.

Ces lieux enchantés étaient ornés de belles statues, de grands vases, de balustrades et de bancs circulaires en marbre blanc, ainsi que de jolies volières à grillages dorés, sans compter qu'ils étaient rafraîchis par des fontaines jaillissantes et des filets d'eau vive au bord des allées. Le Duc André, toujours cheminant, finit par trouver en face d'un pavillon de l'architecture la plus élégante ; il entre et n'y voit personne ; il s'assied dans une première salle, et comme il était accablé de fatigue, il s'endort. Il ajouta que les stores étaient baissés et qu'il avait été s'établir, par une sorte d'instinct, dans la partie la plus reculée, la plus obscure et la plus fraîche de l'appartement.

Il avait le sommeil léger comme tous les Méridionaux ; à peine était-il assoupi qu'il fut réveillé par un bruit de petites clochettes et qu'il aperçut un vieux moine blanc qui se traînait sur le pavé de la salle en s'appuyant sur une béquille, et qui traînait derrière lui, au moyen d'un crochet de fer emmanché d'une gaule énorme, un tout petit panier qui était surmonté d'une croix et d'une sonnette. (Le Duc André croyait rêver). Il entendit ouvrir plusieurs portes, et quand le vieux moine eut fini sa messagerie, il ressortit du pavillon comme il était entré. C'était un religieux de l'ordre des Mathurins... et le Duc André paraissait vouloir en rester là.

— Il est impossible que ce soit la fin de votre histoire, lui dit M. de Créquy. — Je n'ose pas vous dire... — Allons donc ! — Vous n'en parlerez pas à mon oncle d'Antioche ? — Je vous promettrai, si vous le voulez, de ne lui parler de ma vie. — Je vous dirai donc, poursuivit André Grimaldi, que la curiosité m'aiguillonnait comme un diable et que j'entrai dans l'appartement d'où sortait le moine, afin de regarder ce qu'il avait fait de son petit panier. Je traversai cinq ou six pièces admirablement bien décorées, et je parvins jusqu'à une chambre à coucher au fond de laquelle il y avait une alcôve ; dans cette alcôve, un lit de repos, et sur ce lit, une jeune beauté... Je n'ai jamais rien vu de plus ravissant !... Comme on était dans la saison, dans le climat et à l'heure de la plus forte chaleur, elle avait pour tout vêtement ses longs cheveux épars, ses mains et quelques roses effeuillées, peut-être. Elle me regarda de la tête aux pieds avec un air surpris, et puis de la manière la plus aimable. Je lui dis certaines choses que vous pouvez bien imaginer ; elle y répondit avec une bienveillance et une ingénuité remplies d'attraits ; enfin nous restâmes quatre ou cinq heures ensemble, après quoi cette petite personne me dit qu'elle était la fille aînée d'un Comte-à-baldaquin, et me demanda qui j'étais. — Je suis né sujet de la Sérénissime République de Gênes, lui répondis-je et j'éprouve un appétit dévorant ! Qu'est-ce donc qu'il y avait dans votre petit panier de ce matin ?...

— C'était ma panaccia et ma cioccolata que m'apportait Fra Pio, mais je les ai mangées tout de suite et je n'ai rien à vous donner jusqu'à mon souper ; c'est à dix-sept heures que va revenir Fra Pio : il faudra vous cacher ! vous saurez bien vous cacher, n'est-ce pas ?

— Mais pourquoi donc cette petite clochette avec la croix, et comment se fait-il que vous soyez ici toute seule ?...

— C'est, répondit-elle avec un ton dégagé, parce qu'on a su que j'avais été me promener sur le bord de la mer avec un Capitaine algérien qui débarque assez souvent dans le pays, et c'est qu'on a peur que j'aie gagné la peste...

Je tirai ma révérence à cette aimable Comtesse-à-baldaquin et je m'enfuis de son pavillon dans la frayeur d'y voir arriver le vieux Mathurin, qui n'aurait pas manqué de sonner toutes ses clochettes et qui m'aurait fait conduire au lazaret. N'en parlez pas au Cardinal-Patriarche, qui me ferait mettre en quarantaine.

Je ne vous ai rien dit encore de Messire Pierre-Paul de Guérin de Tencin, Prieur et Docteur de Sorbonne, lequel était alors Abbé commandataire de Vezelay, ce qui lui valut un procès suscité par les jansénistes et gagné par miracle, car tous ces ennemis de nos PP. étaient acharnés à sa condamnation, dont ils se faisaient une affaire de vengeance contre les molinistes. L'Abbé de Tencin, qu'on avait accusé de simonie, n'eut aucune peine à prouver son innocence. C'était lui qui avait reçu l'abjuration du fameux John Law qui venait de se réfugier à Venise, où, du reste, il a persévéré dans les sentimens les plus catholiques jusqu'à la fin de sa vie, en 1729. Le Cardinal de Rohan-Soubise avait élu M. de Tencin pour son premier Conclaviste ; ce fut lui qui resta Ministre de France à Rome après le départ de son Eminence, et ce fut N. S. P. le Pape qui voulut le sacrer lui-même, à titre d'Archevêque d'Embrun. Il est devenu Cardinal du titre de Saint-Georges-au-Voile-d'Or, Archevêque de Lyon et Ministre d'état du Roi Louis XV ; il a courageusement et continuellement lutté contre le jansénisme et le philosophisme ; aussi vous puis-je assurer que les jansénistes, les calvinistes et autres sophistes, ont débité contre lui plus d'atrocités diffamatoires et publié sur le frère et la sœur plus de libelles enragés et de pamphlets calomnieux qu'il ne vous serait possible d'en lire en six mois. Le Cardinal de Tencin touchait annuellement 366 mille livres en qualité d'Archevê de Lyon et par ses autres bénéfices ecclésiastiques ; le bordereau de ses aumônes était de 200 mille livres par an ; c'est tout ce que je vous dirai pour aujourd'hui, me réservant de vous produire une ample dissertation sur le Cardinal et la Comtesse de Tencin, qui ont été bien assurément les deux personnages les plus étrangement calomniés du dernier siècle. Ce n'est pas que cette Comtesse Alexandrine n'eût bien mérité quelques épigrammes, et surtout quand elle avait abandonné son couvent régulier des Augustines de Montfleury pour entrer au Chapitre séculier des Chanoinesses de Neuville ; mais il ne s'ensuit pas qu'elle ait été la mère du philosophe Jean-le-Rond, surnommé Dalembert ; il est de toute fausseté qu'elle ait jamais eu la pensée de chercher à lui faire croire une indignité pareille ! Aussi verrez-vous que ce fut une invention des encyclopédistes, qui voulurent faire d'une pierre trois coups, en diffamant la sœur de leur antagoniste, en exhaussant leur bâtard de géomètre jusqu'à cette famille noble, et en accrochant ce Dalembert à la soutane d'un Cardinal que tonnait et fulminait contre le jansénisme, le philosophisme et l'impiété dans tous ses mandemens. Ce qu'il y eut de plus étrange en tout ceci : c'est qui M. Dalembert avait été pendant deux ou trois ans la dupe de ses confrères en philosophie ; il ne doutait pas que cette pauvre Madame de Tencin ne fût sa mère naturelle, et l'on avait été jusqu'à lui persuader que son père devait être un certain *Chevalier de la Touche* qui n'a jamais été qu'un être de raison, disait Fontenelle, et que la Comtesse de Tencin n'avait jamais, dans tous les cas, ni vu ni connu. C'était au point que Dalembert finissait par se fâcher tout rouge et vouloir montrer les dents, quand on parlait avec trop d'inconsidération devant lui, non-seulement de la Comtesse Alexandrine de Tencin, mais encore du Cardinal Archevêque de Lyon, qu'il avait adopté pour son oncle avec tout l'empressement possible.

Les philosophes avaient commencé par débiter que leur ami Dalembert était fils de la Comtesse et du Cardinal Tencin ; mais en voyant que la pudeur publique et le bon sens public se montraient également révoltés d'une supposition pareille, ils se mirent à dire que le père et la mère de ce géomètre étaient le Chevalier de la Touche et Mme de Tencin, ce qui n'était ni moins faux, ni moins facile à démontrer pour calomnieux. Je vous assure que Voltaire en faisait souvent de bonnes moqueries et de beaux rires chez ma cousine du Châtelet. Je reviendrai sur ce chapitre-là.

CHAPITRE VIII

Retour en France. — M. de Belsunce. — La Peste de Marseille
— Lettre pastorale de cet Evêque. — Dévouement de son
Clergé. — Charité parfaite et désintéressement de ce Prélat.
— Hostilité des Jansénistes à son égard. — Motif de plusieurs
libelles contre lui. — Le Jansénisme et les Oratoriens. —
Fouché de Nantes. — Les Dames de Forbin. — Locutions
provençales. — Le Cardinal Giraud. — Sa naissance et son
extraction.—La famille Giraud. — Ses relations avec celle de
l'auteur. — Le Duc de Richelieu. — Epitaphe de la mère du
Régent. — Désappointement de Voltaire. — Projet d'une
dédicace au Roi. — Refus du Cardinal de Fleury. — Voltaire
dédie la Henriade à la Reine Anne Angleterre.

A notre passage en Provence, nous n'avions pu voir M. de Marseille qui ne sortait guère de sa ville épiscopale, et qui nous avait fait conseiller de n'y pas séjourner avant qu'elle ne fût tout-à-fait purgée de l'air de la peste (1). M. de Créquy voulut rentrer en France par la Provence, où il avait tenu garnison

(1) Henri-François-Xavier de Belsunce de Castelmoron, Evêque de Marseille, Abbé de Montmorel, de Saint-Arnould de Metz, etc., mort en 1755, âgé de soixante-quinze ans. Sa mère était la fille du dernier Maréchal de la Force, et sa sœur était la vieille Duchesse de Biron. Leur père avait été tué dans la guerre de Flandre, en 1712, et l'on avait remarqué que le Marquis de Belsunce était le neuvième-officier général de sa famille et de sa filiation qui fût mort sur un champ de bataille.
Note de l'Auteur.)

dans sa première jeunesse, et où il avait commandé depuis ce temps-là. Il voulut revoir encore une fois sa chère Provence et ce digne M. de Marseille, qui nous reçut avec une cordialité paternelle. Son pauvre palais était resté dans un état de délabrement et de nudité qui me parut attendrissant ; nous y mangeâmes sur de la faïence. « Je n'ai conservé que ma « croix d'or et ma crosse d'argent doré, » nous dit-il un jour, avec une simplicité qui me fit venir des larmes aux yeux : « Personne n'a voulu me les « acheter ; mais tous les orfèvres en ont payé cent « fois la valeur, et à plus de vingt reprises. Quand « je n'avais plus rien, je renvoyais ma crosse et « ma croix se promener dans toutes les rues de « Marseille, afin d'y trouver un acheteur de porte « en porte ; on me les a toujours rapportées quant et « quant des boisseaux d'écus. C'était comme un « talisman chrétien. »

Cinquante mille individus avaient péri dans Marseille, c'est-à-dire environ moitié des habitans de cette grande ville ; presque tous les prêtres et les religieux qui soignaient les pestiférés avaient succombé, soit à l'excès de la fatigue, soit aux atteintes de la contagion ; il n'en était resté debout autour de leur Evêque que trois ou quatre, en y comprenant un jeune sous-diacre appelé M. de Bournazel et digne neveu de ce grand Prélat. C'était un ange de bonté, de douceur et de beauté parfaite. Ce jeune Abbé m'a donné la liste de ces victimes de la charité chrétienne et sacerdotale, au nombre de 240 ecclésiastiques ; savoir : soixante-six prêtres séculiers, quarante-deux Capucins, trente-deux frères de l'Observance, vingt-huit franciscains Récollets, trente-trois Augustins, vingt-et-un Jésuites et pas un Oratorien. A propos des RR. PP. Jésuites, il est à noter que leur communauté de Marseille était peu nombreuse, et qu'il n'en avait survécu que deux sur vingt-trois. Mais écoutons parler l'Evêque de Marseille à ses malheureux diocésains :

« La mort a fauché jusque sous nos pieds, O
« Nos très chers Frères ; la peste a gagné le toit
« du pasteur, où tous nos officiers et domestiques
« en sont frappés. N'allez plus nous chercher dans
« un palais ; notre seule place est dans les églises
« et les voies publiques, à la porte de notre cathé-
« drale, au milieu des rues de cette ville affligée,
« partout où nous pourrons trouver des malades à
« soulager et des infortunés à bénir. Sans entrer
« ici dans le secret de tant de familles et de tant de
« maisons désolées par les horreurs de la peste et
« de la faim, où l'on n'entendait autre chose que
« cris d'angoisses, où des corps morts pourrissaient
« à côté des malades, et souvent sur une même
« couche ; sans parler de toutes les horreurs qui
« n'ont pas été publiques et dont notre cœur de
« père est resté navré, de quels spectacles affreux
« n'avons-nous pas été, pendant quatre mois, Nos
« très chers Frères, et ne sommes-nous pas encore
« les témoins ! Nous avons vu toutes les rues de
« cette ville bordées des deux côtées par des ca-
« davras à demi corrompus, et si remplies de har-
« des, de meubles et autres effets pestiférés jetés
« par les fenêtres, que nous ne savions où mettre
« les pieds, ni comment y trouver place pour soi-

« gner les pauvres malades, administrer les sa-
« cremens de l'église et consoler les mourans. Nous
« avons vu toutes les places publiques et toutes les
« portes des églises traversées par des entasse-
« mens de cadavres, en plus d'un endroit dévorés
« par des chiens. Nous avons vu tous ces mori-
« bons tendre vers nous leurs mains suppliantes,
« en nous témoignant une sainte joie de ce qu'ils
« nous revoyaient auprès d'eux, encore une fois,
« avant que de mourir, et pour nous demander
« notre absolution pastorale. Ah ! Nos très chers
« Frères ! allons nous réfugier dans les plaies sa-
« crées du cœur de Jésus. »

Je ne sais comment il a pu se faire que M. de Belsunce ait trouvé grâce et miséricorde auprès des philosophes encyclopédistes ? Mais toujours est-il qu'ils n'ont jamais voulu faire cause commune avec les Jansénistes contre lui. J'ai vu des libelles écrits par les Jansénistes contre M. de Belsunce, moi qui vous parle ; mais Voltaire en était resté malgré lui sous les impressions de sa jeunesse et jamais il n'aurait parlé de M. de Marseille autrement que pour exalter la charité, la simplicité parfaite et la générosité de cet intrépide Evêque. Il est bon d'ajouter ici que M. de Belsunce avait été désigné par le Roi pour l'Evêché Duché-Pairie de Laon, qu'il avait refusé très modestement, sans en rien dire à personne, et pour ne pas quitter son premier diocèse. Il refusa quelque temps après l'Archevêché de Toulouse, et puis celui de Bordeaux, ce qui fait que le Duc de Saint-Simon s'est cru dans l'obligation de nous avouer que M. de Belsunce était un prélat *désintéressé.* C'est un bel effort de justice et de générosité pour un janséniste, st surtout pour un janséniste aussi déchaîné contre M. de Belsunce ! Ce Duc de Saint-Simon ne lui pardonnait pas d'avoir soutenu le Père Girard contre la demoiselle Cadière et messieurs les Oratoriens, qui faisaient manœuvrer cette malheureuse et voulaient s'en faire un instrument d'hostilité contre les Jésuites. La constitution civile du clergé nous a montré ce que c'était que le jansénisme, et le citoyen Fouché nous a fait voir où le jansénisme devait amener les Oratoriens.

Nous allâmes nous promener et collationner chez le grand-père de Mme votre mère, le Marquis du Muy, dans votre charmante habitation de la Reynarde, auprès de Marseille, et nous trouvâmes là des Castellane et des Simiane avec des Glandevès et des Pontevès en belle quantité, si ce n'est en belle qualité. Ce qui foisonnait surtout dans la Provence, était les dames de Forbin de Janson, des Issarts, de Labarbin, d'Oppède ; c'était à n'en pas finir avec les dames de Forbin, qui parlaient toutes à la fois et qui provincialisaient avec un air d'assurance et de sécurité merveilleuse : — J'avais *sorti* ma bourse ou j'avais *tombé* mon mouchoir (*de poche*). On discuta long-temps sur une certaine dame qui *s'était changée* de maison parce qu'elle *espérait* la fièvre, et l'on convint assez généralement qu'elle *risquait* d'en guérir à sa bastide ; mais quant au jeune officier qui lui courait *après*, on *doutait* bien qu'il était capable *pour* lui marcher *dessus*. — Je vous embrasse *à tous ;* c'était la formule d'adieu parmi ces dames.

Nous nous arrêtâmes à Lyon, chez M. Giraud, Banquier de la Cour de Rome en France, et beau-frère du Prévôt des marchands, qui, comme à Paris, est le premier officier municipal de cette grande cité, et qui reçoit, comme à Paris, des lettres de noblesse en entrant en charge. Il m'a toujours semblé que cette élection des maires dans les bonnes villes était la meilleure manière d'acquérir la noblesse, et je fais un tout autre état de ces bonnes familles de la haute bourgeoisie qui nous sont agrégées par l'élection de leurs pairs, en vertu de l'estime et par la considération qu'on leur porte et comme un libre aveu de leur primauté dans leur pays, que non pas de ces promotions vénales, ou de ces concessions accordées par la faveur et arrachées par l'intrigue. On ne saurait nombrer les anoblissemens indignes obtenus sous la régence. L'abbé Dubois en a fait un trafic honteux, et c'est une chose à jamais déplorable !

M. Giraud descendait d'un intendant de mon grand-père, qu'il regardait comme le premier auteur de sa fortune, et nos deux familles en gardaient un souvenir bienveillant. Mme Giraud s'apprêtait à faire ses couches et j'acceptai bien volontiers le poupon qu'elle attendait pour mon filleul. C'est un enfant à qui l'on a vu jouer dans le monde un très grand et malheureusement un trop grand rôle. J'aurai l'occasion de vous reparler de Monseigneur Giraud, Nonce apostolique à Paris, et puis Cardinal-Secrétaire-d'État sous le règne de Pie VI. Souvenez-vous donc qu'il était mon filleul ; je pourrais bien oublier que je vous ai déjà parler de lui, et je pourrais bien vous anonnćer, comme si de rien n'était, que j'étais sa marraine, car en vérité, je ne vous promets pas d'avoir la patience de relire et de corriger tous ces cahiers que j'écris à votre intention.

Mon suisse de l'hôtel de Créquy nous fit prévenir tout de suite après notre arrivée que M. le Duc de Richelieu envoyait journellement pour s'enquérir de notre retour, et qu'il demandait à me parler le plus promptement possible. Nous en étions à discuter et nous interroger sur ce, votre grand-père et moi, maritalement, quand on nous vint annoncer M. de Richelieu que M. de Créquy voulut absolument laisser entrer. — Explique-moi donc ce que tu peux avoir à dire à ma femme. — Ah ! le fâcheux, le curieux impertinent ! Tu ne le sauras point, je te le jure ! et je demande à Mme de Créquy la permission de lui en parler en particulier. — Le voulez-vous bien ? me dit votre grand-père. — Eh ! pourquoi donc pas ? Supposeriez-vous que j'eusse peur de M. de Richelieu ? Vous ne me connaîtriez guère et lui non plus. Il est d'une finesse et d'une sagacité parfaites ; il sait très bien les personnes auxquelles il s'adresse, et pourvu que je n'accepte pas un laquais de son choix ou d'après sa rceommandation, je vous puis assurer que je n'ai rien à craindre de lui. — Pouvez-vous rabâcher de la sorte, à votre âge, et n'en avez-vous pas honte ? ajouta-t-il en me faisant la moue. — Mais, monsieur de Créquy, repris-je alors, vous avez des papiers que vous voulez arranger le plus tôt possible, et les voilà précisément sur cette table ; ainsi restez à les mettre en ordre, tandis que je vais écouter M. de Richelieu, dans cette même chambre. — Saurez-vous parler tout bas? demandai-je à M. de Richelieu.

Le Marquis n'était pas tellement préoccupé de ses papiers qu'il ne regardât souvent de notre côté, et tout de suite après les premières paroles de la conférence, il aperçut que j'avais eu l'air d'éprouver une satisfaction très vive. — *Otium?* disait M. de Richelieu. *Otium! Otium!* lui répétais-je. —Écrivez-moi donc ce mot-là pour que je n'y fasse pas de faute, et surtout gardez-moi le secret!....

Je m'étais approchée de la table où votre grand-père épluchait ses lettres et j'écrivis sur un morceau d'enveloppe HIC JACET OTIUM; mais celui-ci m'arracha le papier des mains, avec un air moitié jovial et moitié colérique. — Eh bien! dit-il, *Otium?* c'est l'oisiveté!

— Oui, Monsieur, c'est la mère de tous les vices.

— CI-GIT L'OISIVETÉ : A qui donc comptez-vous appliquer cette épitaphe ou plutôt cette épigramme-là?

— C'est à la mère du Régent, si vous permettez; du Régent, père de la Duchesse de Berry, de Mme de Modène, de la Reine Louise, de Mme de Chelles.....

— Et de Mlle de Beaujolais, ajouta M. de Créquy, — n'est-il pas vrai, Richelieu?

— C'est une idée, reprit M. de Richelieu sans répondre à mon mari, c'est une idée qui m'est venue tout de suite après la mort de Madame ; mais j'ai mis bonne garde à ne pas la dire en français, de peur que son fils ne me renvoie à la Bastille, au lieu qu'en la donnant en latin, dont je ne sais pas un mot, personne ne la pourra croire de moi ; sinon pourtant la Marquise et vous qui êtes les plus honnêtes personnes du monde. Aussi vous pouvez compter que je vous attendais impatiemment pour déguiser mon savoir-faire et faire circuler ma belle épitaphe.

Ce fut encore le pauvre Massillon qui fut de corvée pour l'oraison funèbre de cette Duchesse d'Orléans, dont il se tira le mieux possible, en se rabattant sur la simplicité de ses dispositions naturelles et la rigidité de sa franchise. Il est vrai qu'elle avait toujours été ridiculement laide et mal tournée, et qu'elle avait dit, pendant cinquante ans de séjour à Versailles, les vérités les plus impertinemment dures à tout le monde et sur tout le monde. Parlez-moi d'une camarde, pour avoir un petit nez !

Avant mon mariage et celui de Mademoiselle de Guise, on avait été forcé de ne plus nous conduire aux sermons de la chapelle royale, à cause du Maréchal de Villeroy qui nous y donnait toujours des distractions insupportables ; et je me souviens d'un édifiant et très beau discours de M. Massillon qui fut interrompu par un fou rire de la Duchesse de Boufflers. Le texte en était *Bienheureux les peuples dont les Rois sont d'ancienne race*. Il n'y avait certainement rien là qui fût de nature à provoquer des éclats de rire, mais à chaque fois que le texte sacré revenait à la bouche de l'orateur, il arrivait que M. de Villeroy, Gouverneur de S. M., se mettait à pleurer d'attendrissement, à sangloter d'un air obséquieux en regardant le Roi, et à grimacer si sensiblement que la pauvre jeune femme ne pouvait y résister, ce qui fut un scandale étrange. — Ne sauriez-vous point qui ma petite-fille de Boufflers avait en face d'elle au sermon ? nous demanda le maréchal : il m'a paru que c'était justement cette Landgrave de Hesse qui n'était point en grand deuil, et qui m'a toujours semblé ridicule..

A peu près à la même époque où Massillon prêchait devant le jeune Roi cette admirable suite de sermons qu'on appelle aujourd'hui le Petit-Carême, le jeune Arouet, qui s'appelait déjà M. de Voltaire, et qui commençait à faire le gentilhomme de lettres, avait entrepris d'assister le Roi de ses bons conseils. Il avait fait un poème assez médiocre à son origine, et qu'on nomme à présent la Henriade ; il aurait désiré que S. M. voulût en agréer la dédicace, et voici venir encore une autre négociation de M. de Richelieu.

Mme Arouet, la mère du poète, avait été fort de ses amies. M. de Richelieu vint me recommander M. de Voltaire, que je recommandai à Mme de Froulay, en la priant de le recommander à l'Évêque de Fréjus (1), qui devait le recommander au Roi ; mais M. de Fréjus répondit à ma grand'mère que la dédicace n'était pas moins malséante que le poème, et de plus il ajouta que le poète ne méritait pas autrement l'honneur qu'il ambitionnait et qu'on

---

(1) André-Hercule de Fleury de Pérignan, Cardinal, Évêque et Seigneur de Fréjus, Grand-Aumônier de la Reine et premier Ministre du Roi Louis XV, mort en 1743, âgé de 89 ans.

sollicitait pour lui, par la raison que c'était un vaurien. On apprit qu'en désespoir de cause, Voltaire avait dédié la première édition de son poème à la Reine d'Angleterre, et du reste voici son projet de dédicace au Roi Louis XV, ainsi qu'il me fut rendu par M. de Fréjus. Je n'en ai jamais donné de copie qu'au Chevalier de Pougens, et je ne crois pas qu'on l'ait jamais imprimée dans aucune collection des œuvres de Voltaire.

« SIRE,

« Tout ouvrage où il est parlé des grandes actions
« de Henri IV doit être offert à Votre Majesté.

« C'est le sang de ce héros qui coule dans vos
« veines ; vous n'êtes Roi que parce qu'il a été un
« grand homme, et la France, qui vous souhaite
« autant de vertus et plus de bonheur qu'à lui, se
« flatte que le jour et le trône que vous lui devez
« vous engageront à l'imiter.

« Henri IV était, de l'aveu de toutes les nations,
« le meilleur Prince, le maître le plus doux, le plus
« intrépide capitaine, le plus sage politique de son
« siècle.

« Il conquit son royaume à force de vaincre et de
« pardonner ; après plus de cent combats sanglans
« et plus de deux cents siéges, il se vit enfin maître
« de la France, mais de la France épuisée d'hommes
« et d'argent ; les campagnes étaient incultes, les
« villes désertes, les peuples misérables. Henri IV
« en peu d'années répara tant de ruines ; et parce
« qu'il était juste et qu'il savait choisir de bons mi-

« nistres, il rétablit l'ordre dans l'État et dans les
« finances ; il sut en même temps enrichir son épar-
« gne et son peuple.

« Heureux d'avoir connu l'adversité, il compa-
« tissait au malheur des hommes et il modérait les
« rigueurs du commandement que lui-même avait
« ressenties.

« Les autres rois ont des courtisans, il avait des
« amis ; son cœur était plein de tendresse pour ses
« vrais serviteurs. Il écrivit au fameux Du Plessix-
« Mornay, qui avait reçu un outrage : Comme votre
« roi je vous ferai justice, et comme votre ami je vous
« offre mon épée. Plusieurs Français gardent avec
« un respect religieux quelques lettres écrites de sa
« main, monument de sa justice et de sa bonté. Une
« à M. de Caumartin, depuis Garde-des-Sceaux, qui
« commence par ces mots : *Euge, serve bone et fide-*
« *lis ; quia supra pauca fuisti fidelis, supra multa te*
« *constituam.* Courage, bon et fidèle serviteur ; puis-
« que vous m'avez bien servi dans les petites choses,
« je vous en confierai de plus importantes.

« Ce Roi, qui aimait véritablement ses sujets, ne
« regarda jamais leurs plaintes comme des séditions,
« ni les remontrances des Magistrats comme des at-
« tentats à l'autorité souveraine. Quelquefois son
« conseil prit des moyens odieux pour rétablir les
« finances. On créa des impôts qui firent soulever
« les peuples. Henri IV repoussa doucement les sé-
« ditions, il rétablit les impôts pour marquer son au-
« torité, et les révoqua presque en même temps pour
« signaler sa bonté. Les députés des villes où les sé-
« ditions s'étaient allumées vinrent se jeter aux pieds

« du Roi, dans la crainte que l'on ne bâtit des ci-
« tadelles dans leurs villes : — Je n'en veux point
« d'autres, répondit-il, que le cœur de mes sujets.

« Ce fut à peu près dans une pareille occur-
« rence que l'un des plus sages et des plus ver-
« tueux magistrats que la France ait jamais eus,
« *Miron*, Lieutenant civil de Paris et Prévôt des
« marchands, fit au Roi des remontrances hardies
« au sujet des rentes de l'Hôtel-de-Ville, dont on
« voulait faire une recherche préjudiciable à l'in-
« térêt et au repos des familles ; les paroles de *Miron*,
« qui n'étaient que fortes, parurent séditieuses aux
« courtisans. Plusieurs conseillèrent au roi de le
« faire enfermer à la Bastille. Au premier bruit de
« ces conseils violens, le peuple, qui idolâtrait *Mi-*
« *ron*, et qui n'avait pas encore perdu cette audace
« et cette impétuosité que donnent les guerres civi-
« les, accourut en foule à la porte de ce magistrat.
« Il fit retirer la populace avec sagesse, et vint se
« présenter à Henri IV, plein d'une confiance que
« lui donnaient sa vertu et celle de son maître.
« Quand il parut devant le Roi, il n'en reçut que
« des éloges. Le Prince approuva sa fidélité et la
« hardiesse de son zèle. *Vous avez voulu,* dit-il, *être*
« *le martyr du bien public ; mais je ne veux point en*
« *être le persécuteur.* Il fit plus, il révoqua son édit,
« et apprit aux rois, par cet exemple, qu'ils ne sont
« jamais si grands que lorsqu'ils avouent qu'ils se
» sont trompés. Le dirai-je, Sire? oui, la vérité
« me l'ordonne; c'est une chose bien honteuse pour
« les rois que cet étonnement où nous sommes
« quand ils aiment sincèrement le bonheur de leurs

« peuples. Puissiez-vous un jour nous accoutumer
« à regarder en vous cette vertu comme un apanage
« inséparable de votre couronne! Ce fut cet amour
« véritable de Henri IV pour la France qui le fit
« enfin adorer de ses sujets.

« Les cœurs que l'esprit de la Ligue avait endurcis
« s'attendrirent; ceux qui s'étaient le plus opposés
« à sa grandeur n'en désiraient plus que l'affermis-
« sement et la durée. Dans ce haut degré de gloire,
« il allait changer la face de l'Europe; il partait à la
« tête d'une armée formidable; on allait voir éclore
« un dessein inouï, que seul il avait pu concevoir et
« qu'il était seul capable d'exécuter, lorsqu'au mi-
« lieu de ces préparatifs et sous les arcs de triomphe
« préparés pour son épouse, il fut assassiné!

« A ces paroles qui furent en un moment portées
« dans tout Paris : *Le Roi est mort!* la consternation
« saisit tous les cœurs, on n'entendit que des cris
« et des gémissemens, on s'embrassait dans les rues
« en versant des larmes. Les vieillards disaient à
« leurs enfans : — *Vous avez perdu votre père.* Ce
« ne sont point là des exagérations, Sire, c'est
« l'exacte peinture de la douleur que sa mort fit
« ressentir à la France.

« Vous êtes né, Sire, ce que Henri-le-Grand
« devint par son courage. Ce trône qu'il conquit à
« quarante ans, dont il trouva les fondemens ébran-
« lés et teints du sang des Français, la nature vous
« l'a donné dans votre enfance, glorieux et paisible.
« Les cœurs des Français que ces vertus forcèrent
« si tard à l'aimer, vous les possédez dès votre
« berceau. Vos yeux ne se sont ouverts que pour

« voir autour de vous des hommes pénétrés d'une
« tendresse respectueuse; que dis-je? la France vous
« adore, etc. »

Cet ouvrage de la jeunesse de Voltaire est un monument assez curieux, en ce qu'il peut servir à l'histoire du philosophisme. Il y règne un ton didactique et régulateur, au moins déplacé de la part d'un homme de lettres, et surtout lorsqu'il adresse la parole au Roi son souverain, fût-il mineur, et l'on y pressent déjà l'arrogance et l'irritation qui, vingt ans plus tard, ont fait dresser la tête à tous ces mauvais dragons de l'encyclopédie. L'autorité d'un Évêque est une autre autorité que celle d'un poète; et cependant Massillon parle au jeune Roi, dans son *Petit Carême*, avec un respect d'autant plus touchant qu'il paraît plus profond. On voit dans ces égards d'un Pontife pour un enfant la religion, la royauté, la loi de l'État, la manifestation de l'ordre, et l'âme y puise de la joie dans la sécurité. La voix de Massillon s'élève avec une gravité respectueuse et pleine de douceur; le ton du philosophe est impérieux, hostile, et la franchise en est suspecte. Le grand Roi n'existait plus, le grand siècle était écoulé; la confusion, la familiarité dans les rapports étaient arrivées à la suite de la Régence et de ses déréglemens.

Il est à remarquer que tous ceux qui méditent la ute des trônes ont toujours soin de préconiser le pardon, l'oubli, la compassion miséricordieuse, et l'on dirait véritablement que la fermeté, la résolution, l'esprit de science, de justice et de force, ne seraient pas des qualités aussi recommandables aux bons rois que l'indulgence et la bénignité.

Quand les gouvernans font ce qu'ils doivent, les gouvernés ne font pas ce qu'ils veulent, disait Alexis Comnène au Sénat de Constantinople, et l'on aurait pu répliquer à Voltaire, au nom de Louis XV, à propos de la clémence des Rois, par ces paroles du même Henri IV : « Trop de miséricorde est iniquité « jointe à faiblesse; la clémence ne sied qu'aux *bar-* « *bes grises* et aux *victorieux*. »

CHAPITRE IX.

Mort de Dubois et du Régent.—Renvoi de l'Infante. —La Reine Marie Leczinska.—La Comtesse de Saint-Florentin.— M. de Moncrif, lecteur de la Reine. — Scrupule de cette Princesse à l'égard des Princes lorrains. — La Comtesse de Marsan. — Un Pèlerinage au dix-huitième siècle. — Mme du Deffand et M. de Pont-de-Vesle. — Le cocher Girard. — Le Comte de Créquy-Canaples. — Lettre de Voltaire à propos de sainte Geneviève. — L'officialité de Paris. — M. de Beaumont. — La Maréchale de Noailles. — Elle écrit à la Sainte-Vierge. —Elle vole des reliques.— Elle entre dans la loge des lions. — On lui interdit l'usage des Sacremens. — L'Abbaye-aux-Bois. — Le Vicomte de Chabrillan. — Un Tableau de Boucher.

Le ciel avait permis qu'un homme sans foi, sans probité, sans consistance et sans autre habileté que celle de la fourberie, se fût élevé subitement au faîte de la puissance et des honneurs, afin de nous y montrer l'abjection sous la pourpre et pour nous inspirer le mépris des grandeurs humaines. Mais à peine avait-il pu toucher à ces objets de son ambition, que son bras fut paralysé par un coup de foudre. La Providence avait attaché la peine temporelle à la suite du crime, et la punition fut précipitée sur le scandale avec tant de rapidité qu'on eut à peine le temps d'en avoir gémi pour l'Église et rougi pour l'état de France. Le Régent descendit quelques mois après dans la tombe, à la suite de son indigne favori. Il n'était âgé que de quarante-neuf ans, et Dubois, qui ne disait jamais son âge, ne paraissait pas en avoir plus de soixante. On aurait supposé qu'ils devaient encore exploiter l'autorité royale pendant longues années; mais la justice de Dieu les surveillait, et *irridebit eos*.

Je n'aurai pas grand'chose à vous dire sur M. le Duc de Bourbon ni son ministère, attendu que nous nous en fûmes passer trois ans, votre grand-père et moi, dans nos terres d'Artois, de Picardie, du Maine et d'Anjou, pour y faire ajuster nos châteaux, établir de nouveaux intendans (qui nous ont volés tout comme les autres), et surtout pour y faire mes couches en pleine tranquillité. Le Roi Louis XV et sa fiancée, l'Infante Marie-Anne-Victoire, avaient bien voulu donner leurs noms de baptême à mon fils aîné, qui fut leur filleul. On renvoya l'Infante à ses parens, comme vous savez, et pour lors ce fut la Reine Marie de Pologne qui voulut bien être marraine de mon second fils, lequel est devenu votre père.

Cette bonne Marie Leczinska m'en voulut d'abord un peu de ce que je n'allais pas assez souvent à Versailles, et surtout de ce que j'avais refusé d'entrer chez elle en qualité de Dame du Palais; mais elle était du reste la plus indulgente et la plus vertueuse, la plus digne et la plus modeste, la plus bienveillante et la plus aimable Princesse de la terre. Après la Comtesse de Saint-Florentin, noble et douce Allemande de la maison de Platen, je crois que j'étais devenue la favorite de la Reine, et tant il y a qu'elle m'avait donné sa décoration de Saint-Jean

Népomucène, ainsi qu'à Mme de Saint-Florentin (1). Dieu m'est témoin que je n'ai jamais obtenu d'elle aucune autre chose et que je n'ai jamais rien sollicité de Sa Majesté. Le seul privilége de faveur dont Mme de Saint-Florentin fût en jouissance était de se faire amener en chaise à porteurs jusqu'à l'entrée du grand cabinet, quand elle ne pouvait marcher, parce qu'elle avait des engelures ; et la Reine me dit un jour : — Comprenez-vous et ne blâmez-vous point qu'elle ne m'ait jamais demandé nulle autre chose que cela ?

— Le plus bel éloge du Prince est la modestie du favori, lui répondis-je.

La Reine Marie de Pologne avait appris le français dans son enfance, et Dieu sait comment, par une gouvernante bourgeoise, ou peut-être bien par une Suissesse ? de sorte qu'elle en avait pris une foule de locutions vulgaires à surprendre ; et par exemple, elle nous disait alors *éduquer* pour *élever*, *flattée* pour *satisfaite*, *osé* pour *hardi*, etc. Moncrif, son lecteur, en était contrarié comme bon serviteur de la Reine, désolé comme académicien et désespéré comme puriste. Il en disait respectueusement son avis à Sa

---

(1) Amélie-Ernestine, Comtesse de Platen, fille d'Ernest-Auguste, Comte de Platen et du Saint-Empire, Souverain Seigneur et libre Baron de Hallermemden, premier Ministre et Grand-Chambellan héréditaire du Roi de la Grande-Bretagne en Hanovre, etc. Mariée en 1724 à Louis Phélippaux Comte de Saint-Florentin et depuis Duc de la Vrillière, Ministre et Secrétaire d'état aux départemens de la maison du Roi, du clergé de France, de Paris et des pays d'états, morte à Versailles en 1752, âgée de 49 ans. (*Note de l'Auteur.*)

Majesté, qui prenait toujours la chose en **très bonne** part et qui travaillait assidûment pour **s'en** corriger.

A la fin d'un billet qu'elle avait fait écrire à M. de Moncrif par un autre secrétaire de ses commandemens et pour une chose de son service, elle ajouta de sa propre main : *Devinez*... et Moncrif y répondit par le quatrain suivant :

> Ce mot tracé par une main divine
> Ne m'a causé que trouble et qu'embarras..
> C'est être *osé* si mon cœur le devine ;
> C'est être ingrat s'il ne devine pas !

Le Roi blâma cet emploi du mot *osé :* mais c'est une épigramme contre moi, répondit cette bonne Princesse ; et depuis ce temps-là je n'ai pas vu qu'elle ait mal appliqué cette même expression.

— Je ressens beaucoup d'estime et beaucoup d'attrait pour M{ne} de Marsan, me disait un jour la Reine, et si ce n'était une sorte d'embarras que j'éprouve toujours avec les personnes de cette maison, j'aimerais à la voir souvent. Pensez-vous donc que le Roi mon père se puisse trouver en parfaite sûreté de conscience, étant devenu Duc de Lorraine et de Bar, tandis qu'il y a tant de Princes lorrains qui devaient hériter de ces deux provinces?...

— Ah ! juste Dieu ! m'écriai-je, l'héritage des Ducs de Lorraine, y compris-on leur royaume de Jérusalem, ne pourra jamais nous dédommager de tous les maux que leur famille a faits à la France et de tout ce que nous a coûté la maison de Guise ! Ce sont les petits-enfants du Roi Stanislas, et, par conséquent, c'est la couronne de France qui doivent hériter du Duché de Lorraine ; ainsi, j'estime que la Reine ne devrait en conserver aucun scrupule.

Puisque je vous ai nommé Mme de Marsan, je vais profiter de mes réserves, en empiétant d'une quinzaine d'années sur le temps futur, et je vais commencer par cette bonne Princesse une petite galerie de portraits, qui vous puisse représenter les personnes que j'ai le mieux aimées ou le plus connues.

Il paraît qu'il était dans ma destinée de me trouver calomniée dans l'esprit du *peuple français*. Longtemps avant qu'il fût question de l'*assemblée nationale* et de mon procès contre le citoyen Bézuchet, j'avais été soupçonnée d'un autre forfait abominable : on m'avait accusée d'avoir commis un vol sacrilège, et voici comment nous en fîmes la découverte.

Mme de Marsan (1), avec qui je faisais souvent de petites dévotions en parties fines, s'en vint un jour me chercher pour aller boire de l'eau du puits de sainte Geneviève, à Nanterre, pendant la neuvaine de sa fête patronale, car elle avait nom Geneviève ; et nous voilà parties dans son vis-à-vis doré, moitié disant nos patenôtres, et moitié nous diver-

---

(1) Marie-Louise-Geneviève de Rohan-Soubise, veuve de Gaston de Lorraine de Guise et d'Armagnac, Sire de Pons et Comte de Marsan. Elle avait été Gouvernante des Enfans de France, et l'extrémité septentrionale du château des Tuileries, qu'elle habitait, en a pris le nom de *Pavillon Marsan*. Ses contemporains avaient trouvé que le couplet suivant peignait assez bien ses habitudes aristocratiques et son horreur pour les *mésai-*

tissant sur notre pèlerinage ; car il ne fallait pas, disait-elle, essuyer le godet de fer dans lequel on buvait de l'eau de sainte Geneviève : il était enchaîné à la fontaine ; et, sur toute chose, il ne fallait pas en laisser une seule goutte au fond du godet, qui tenait pour le moins un quart de pinte. Je me révoltais contre ces deux prescriptions ; mais la bonne Princesse objectait qu'il ne fallait pas scandaliser les simples, et je lui promis enfin de m'en rapporter à son expérience et sa direction. Elle était passée maître en fait de pèlerinages et de *dévotionnettes,* comme disait le Cardinal de Fleury.

Il faut vous dire que c'était une eau souveraine pour les yeux, où nous n'avions aucun mal, et lorsque nous fûmes arrivées en vue de la fontaine, elle était entourée d'une si grande quantité de paysannes et de campagnards qu'il était impossible d'en approcher, ce qui fit que nous descendîmes de carrosse et nous tînmes à l'écart avec une modestie charmante.

Nous y vîmes arriver, pour faire ses dévotions,

---

liances. On voit dans les notes de Mme de Créquy que ce même couplet avait été ajouté par le Comte de Maurepas aux *Noëls de la Cour,* et l'on ne croit pas qu'il ait jamais été imprimé.

« Je suis, sans être vaine,
« Dit la prude Marsan,
» Princesse de Lorraine,
« Et (qui plus est) Rohan !
« J'amène prudemment
« A Joseph et Marie
« Une fille de ma maison,
« De peur que le divin poupon
« Un jour se mésallie. »

devinez qui? Mme du Deffand, qui ne croyait à rien, et qui se fit ouvrir un passage par le Chevalier de Pont-de-Vesle, assisté de plusieurs laquais. Elle était déjà presque aveugle, et son cavalier n'y voyait guère mieux qu'elle ; ainsi, ce breuvage *oculi-pharmaqué*, comme disait le vieux Sénac, n'était pas pour eux, comme il était pour nous, une simple médecine de précaution. Nous eûmes la satisfaction de les voir avaler exactement chacun un plein godet de cette eau bénite. Nous imaginâmes bien qu'ils n'iraient pas s'en vanter dans leur société philosophique, mais nous résolûmes de n'en rien dire non plus, afin de ne donner sujet à aucune plaisanterie sur une pratique de dévotion, et surtout pour éviter, sur ces deux étranges pélerins, certaines réflexions dont la charité de la Comtesse de Marsan s'alarmait outre mesure.

J'avais beau lui dire que cette Marquise du Deffand n'avait pas grand'chose à perdre en fait d'estime publique et de considération personnelle, en ajoutant que l'intimité dans laquelle elle vivait avec M. de Pont-de-Vesle était depuis long-temps un sujet de propos scandaleux..... — Ce serait capable de les empêcher de retourner en pélerinage et de remettre jamais les pieds dans une église, me répondait-elle ; et toujours est-il que nous en gardâmes un secret absolu, si ce n'est pour M. le Duc de Penthièvre, à qui nous disions toujours toute chose, attendu qu'il était la sûreté même. Il se divertit beaucoup de ce pélerinage entrepris par ces deux amans philosophes encyclopédistes afin d'obtenir la conservation des beaux yeux de Mme du

Deffand par le suffrage et l'intercession de la Bienheureuse Geneviève de Nanterre. Si leurs amis Dalembert et d'Holbach avaient appris ceci ? jugez quel déboire !

Je me lamentais continuellement de ce qu'on m'avait ôté la liberté de mettre en circulation cette aimable histoire, et Mme de Marsan finit par s'en inquiéter au point d'en aller parler à M. de Paris (1), qui m'imposa, sous peine de *cas réservé*, l'obligation du silence. Je n'avais jamais été plus contrariée par ce Prélat, qui m'a pourtant contrariée souvent et péniblement, ainsi que vous le verrez dans notre affaire avec les Hospitalières du faubourg Saint-Marcel.

Il faut vous dire que les valets de Mme de Marsan, qui portaient les couleurs de Lorraine et de Jérusalem, étaient confondus de notre humilité, et qu'ils se trouvèrent choqués de nous voir primées, et, supposaient-ils, opprimées par Mme du Deffand. Le premier laquais de la Princesse vint nous proposer d'écarter aussi les concurrens, à celle fin de nous faire arriver plus vite à portée du godet ; mais nous répondîmes que nous n'avions rien à faire dans notre ménage ou dans nos vignes, ainsi que tous ces braves gens, et nous ordonnâmes qu'on les laissât tranquilles.

Voilà qui blessa profondément l'amour-propre

---

(1) Christophe de Beaumont du Repayre, Archevêque de Paris, Duc et Pair de France, etc. Il avait été, comme je vous l'ai dit, conclaviste du Cardinal de Gèvres pendant l'élection du Pape Innocent XIII. Il est mort à Paris en 1781.

(*Note de l'Auteur.*)

de nos valets et qui faillit les mettre en révolution contre nous. Comme je risquerais de l'oublier, et comme il est bien convenu que je ne me refuserai jamais la commodité des épisodes, j'ajoute ici que le cocher de Mme de Marsan, qui nous menait à Nanterre, avait l'âme ulcérée contre moi, tellement qu'il avait refusé d'être à mes gages, et voici pourquoi. — De chez qui sortez-vous? lui dis-je (assez naturellement) quand il se présenta pour entrer à mon service. — Madame, j'étais chez Monseigneur l'Abbé-Duc de Biron, mais il est allé devant le bon Dieu! — Si celui-là est allé devant le bon Dieu, il n'y sera pas resté long-temps, dis-je à part moi, et voilà ce cocher qui prend un air courroucé. Il me dit qu'il était gentilhomme, ainsi que presque tous les valets de l'hôtel de Biron. Je lui répondis que la livrée de Créquy ne faisait pas plus déroger que celle de Gontaut, et je lui dis de monter chez mon intendant pour y faire régler ses gages.

— Mais, reprit-il, avant d'aller m'engager, je voudrais bien savoir de Madame à qui Madame cède le pas? — A tout le monde! je cède le pas à tout le monde, excepté dans les rues et les cours de Versailles. — Comment donc! Madame ordonnerait à on premier cocher de céder le pas, dans les rues de Paris, à des Présidentes? — Eh! mais, sans doute; et c'est avec d'autant plus de raison que je vais souper tous les jeudis dans leur quartier du Marais. ... enfin, Madame ne doit pas céder à des Finan- et Madame sent bien que si les gens d'un Fi- voulaient disputer le pas à son cocher, ce coups de fouet. —

Oh! les Financiers doivent se connaître en livrées, et du reste, monsieur le cocher, je n'entends pas que sur le pavé de Paris, et pour tenir tête à des personnages absolument sans conséquence, on aille culbuter mes équipages et faire écraser mes gens, ou tout au moins estropier mes chevaux. — Il est vrai que Madame n'a que douze chevaux; et d'ailleurs j'ai l'habitude de ne jamais céder qu'à des Princes du sang; ainsi je ne saurais convenir à Madame.

Il était parti furieux. Mme de Marsan l'avait pris à son service à la pleine satisfaction des deux parties contractantes; et c'était lui qui poussait nos laquais à la révolte, en disant que nous étions *déshonorantes*, et que nous avions sûrement comploté d'avilir et mortifier tous les gens de livrée dont les maîtres avaient les honneurs du Louvre... On n'a jamais vu scène de comédie pareille! et si ce n'avait été la crainte que nous les fissions mettre au Fort-l'Évêque, ils nous auraient certainement abandonnées là, c'est-à-dire sur le grand chemin.

Leur exaspération provenait particulièrement de ce qu'ils avaient eu l'humiliation de voir passer avant eux les domestiques de M. de Pont-de-Vesle, lequel était un bourgeois, disaient-ils avec un air méprisant. Cet orgueilleux cocher, qui s'appelait M. Girard, en avait fait le sujet d'une lettre qu'il écrivit à mon fils en forme de réquisitoire, où j'étais prévenue d'avoir compromis l'honneur de la famille. Au milieu de quatre pages de récriminations et de représentations saugrenues, il y disait notamment que le cimier des armes de Créquy ayant la prérogative d'être une *couronne à fermoirs*, un si beau privi-

lége aurait naturellement dû m'imposer plus d'exigence et m'inspirer plus de noblesse dans les sentimens. Enfin, c'était une dissertation sur l'héraldique, où Wulson de la Colombière et le père Ménétrier n'auraient fait œuvre. Voilà Monsieur votre père qui s'avise de prendre la chose au sérieux ; mais comme il était encore au collége et que cette belle dénonciation l'avait mis en défiance contre sa mère, il envoya cette lettre au vieux Canaples, son curateur, lequel envisagea l'affaire avec son esprit de sagesse habituel et m'en écrivit de la manière la plus sévère et la plus hautaine. Je lui répondis : « Mon Cousin,
« puisque vous êtes devenu si susceptible et si zélé
« pour la gloire et la dignité de votre maison, dont
« vous n'ignorez pas que la couronne est fermée par
« trois cols de cygne, vous devriez bien vous con-
« duire autrement que vous ne faites, et, par exem-
« ple, ne vous pas habiller comme si vous étiez
« M. Rousseau de Genève ou le Grand-Turc, avec
« une barbe de Mahométan, des fourrures au cœur
« d'août, des babouches, un poignard à la ceinture
« et tout ce qui s'ensuit. Vous devriez bien aussi ne
« pas attirer vos chanoines de Saint-Émilien dans
« dans votre château, sous prétexte de vous y faire
« chanter l'office un Vendredi-Saint, mais, en effet,
« pour les contraindre à manger de la vache enra-
« gée, des loups, des chauve-souris et autres comes-
« tibles de votre invention. On sait aussi que vous
« leur avez fait boire du jus d'oseille avec des eaux
« minérales, et le pistolet sur la gorge, ce qui fait
« que vous êtes exilé de Versailles à tout jamais et
« que vous êtes excommunié par votre neveu, l'É-

« vêque de Tournay, qui n'est guère plus sage que
« vous. Ayez la bonté de ne jamais intervenir dans
« les choses de mon service, et soyez assuré que je
« ne vous laisserai pas plus vous mêler de la tutelle
« de mon fils que des affaires de mon écurie. M. le
« Chancelier vient d'écrire à l'intendant de votre
« province, à propos des assignations que vous
« m'envoyez, et j'espère que vous allez avoir la com-
« plaisance de me laisser tranquille (1). »

Ce qu'il y a de curieux dans tout ceci, c'est que ce même cocher, prétendu gentilhomme et professeur en héraldique, lequel était si passionné pour le maintien des *Honneurs du Louvre*, et si pointilleux sur les prérogatives des *Couronnes fermées*, a fini par devenir un des plus enthousiastes révolutionnaires et des plus fameux orateurs de la section des Droits de l'Homme. *Le citoyen Girard* avait débuté dans le gouvernement républicain par être administrateur des *subsistances*, ensuite il devint président du comité des *recherches*, et finalement il était *accusateur public* au tribunal révolutionnaire en 93. J'ai vu dans les journaux qu'il avait été guillotiné comme *orléaniste* ou *fédéraliste*, je ne sais plus lequel des deux (2).

---

(1) Après la mort de M. de Canaples, on nous renvoya ses papiers de famille, où j'ai trouvé cette lettre, dont je n'aurais certainement pas eu l'intention ni l'attention de garder copie.
(*Note de l'Auteur.*)

(2) Sulpice Girard, ancien commissaire aux subsistances de la commune de Paris, et Président du Comité révolutionnaire de Franciade, ci-devant Saint Denys. Guillotiné le 7 mars 1794.

Pendant qu'il préludait sur le pavé de Nanterre à ses destinées administratives et politiques, en tenant les rênes d'un vis-à-vis à sept glaces et en excitant nos laquais à l'insurrection, nous étions parvenues au bord du puits, où j'avalai ma ration d'eau bénite avec une docilité parfaite. Ensuite il était question d'aller rendre graces à Dieu dans l'église paroissiale de Nanterre, auprès des reliques de la Sainte, et c'est ici que la chose commençait à devenir sérieuse; car on doit bien penser que c'était là le véritable et raisonnable motif de notre voyage. Aussi bien, nous acheminâmes-nous du côté de l'église avec un recueillement profond, avec cette impression de confiance et d'attendrissement que j'éprouve toujours pour la sainte et vénérable Patronne de Paris.

Il y a, suivant moi, dans la dévotion des habitans de Paris pour sainte Geneviève, quelque chose de particulièrement touchant, de local, et de notoirement vrai. C'est comme un enfant de la paroisse; on dirait qu'elle est morte hier. Ensuite, c'était une humble fille, une simple villageoise; on n'a pas dû la flatter pendant sa vie, ni l'exalter injustement après sa mort. Il y a tant de simplicité d'intention, de droiture et d'ingénuité dans cette chronique! On voit qu'il y a de l'authentique et de l'incontestable au fond de cette légende! Et de plus, ce tombeau gaulois devant qui tous les chefs sicambres et les

---

Son jugement porte qu'il touchait une pension sur les biens de la famille de Lorraine dont il avait été le cocher.

(*Note de l'Éditeur.*)

Rois chevelus se sont agenouillés ; ces couronnes de pierreries et tous ces dons royaux ; ces reliques enchâssées dans l'or et la soie ; ces ossemens vénérés, sur qui les magistrats, les peuples et les princes français ont toujours eu les yeux fixés depuis quatorze siècles ! — Enfin toutes ces traditions de notre vieux Paris, tous ces actes d'une charité **mémorable** et ces faits miraculeux qui sont enregistrés jusque dans l'histoire profane, ont eu cela de particulier, du moins, qu'ils n'ont jamais été ni démentis ni contestés par aucun sectaire, et l'on dirait véritablement que la douceur et l'humilité de sainte Geneviève auraient désarmé les ennemis de la foi. « Ayez
« donc la justice et la bonté de ne pas m'attaquer
« sur les prodiges opérés par cette bonne Gauloise
« (m'écrivait un jour Voltaire, et je garde sa lettre).
« Celui *des Ardens*, par exemple, m'est aussi bien
« démontré que la mort de Tibère ou la brutalité
« de Calvin. J'éprouve une émotion d'enfant sitôt
« qu'il est question de Geneviève ! C'est ma bergère,
« et c'est ma bonne vierge, à moi ! N'en parlons
« plus, Madame, à moins que vous n'ayez juré de
« me persécuter. »

L'Église de Nanterre était si remplie de toute sorte de gens, que nous fîmes appeler les sacristains pour leur demander s'ils ne pourraient pas nous placer dans l'enceinte à côté du reliquaire. — Ah ! Mesdames, on n'entre plus dans le sanctuaire ! M. le Doyen nous a défendu de laisser les Dames de la Cour approcher des reliques, et vous n'ignorez sûrement pas que Mme de Créquy nous a volé l'année dernière un morceau de la vraie Croix ! — Mme de

Créquy, dites-vous? — Ah! mon Dieu! oui, Mesdames, elle a volé sur l'autel un morceau de la vraie Croix! J'en étais partie d'un éclat de rire, et Mme de Marsan leur demanda comment ils avaient pu supposer que la voleuse de reliques était Mme de Créquy? — Mon Dieu, c'est bien sûr, Madame. Elle est arrivée dans son carrosse à six chevaux qui avait une couverture rouge (1); elle avait ses domestiques en habits jaunes avec des galons rouges, et il y avait là deux autres domestiques de Paris qui nous ont dit que c'était Mme de Créquy. Elle avait pour le moins le double de votre taille... — Vous verrez, me dit la comtesse à voix basse et d'un air consterné, que ce sera la Maréchale de Noailles; la malheureuse n'en fait jamais d'autres! (2)

Je me souviens qu'effectivement on avait accusé la Maréchale de Noailles de plusieurs délits de la même nature, et notamment d'avoir *filouté*, comme dirait le peuple, une parcelle du bras de la Bienheureuse Jeanne de Chantal. Elle avait emprunté cette

---

(1) *L'impériale* en velours cramoisi, insigne extérieur des *honneurs du Louvre*, ainsi que le Dais, érigé dans une pièce de l'appartement; le Manteau doublé d'hermine, étalé sous les armoiries, etc. *(Note de l'Éditeur.)*

(2) Catherine-Françoise-Bénédicte-Marie de Cossé-Brissac, fille unique et seule héritière de Timoléon de Cossé, Duc de Brissac, Pair et grand Pannetier de France, née en 1724, mariée en 1757 à Louis, Duc de Noailles et d'Ayen, Marquis de Montclar et de Maintenon, Comte, Vicomte et Baron de Noaillac et de Nogent-le-Roy, de Saint-Julien, Calvignac, Arazac, et autres lieux, Pair et Maréchal de France, grand d'Espagne de première classe, et chevalier des ordres du Roi. La Maréchale de Noailles a péri sur l'échafaud révolutionnaire en 1793. *(Note de l'Aut.)*

relique aux sœurs de la Visitation, qui ne purent jamais se la faire restituer ; ensuite on découvrit que *la malheureuse* en avait disposé pour opérer la guérison de monsieur son fils, le Duc d'Ayen, qui avait la rougeole, et que la relique avait été délayée dans une médecine après avoir été pilée dans un mortier sous les yeux de la Maréchale. On avait même ajouté que l'administration qu'elle en fit n'avait pas été si respectueuse, et qu'elle ne se contenta pas de la faire employer dans un *breuvage*. Quoi qu'il en fût de cette profanation, nos couleurs et nos honneurs étaien les mêmes ; ainsi des valets qui béyaient à la porte d'une église et des cochers moins érudits que M. Girard avaient bien pu se tromper entre son équipage et le mien. On a su quelque temps après que ce vol de Nanterre avait été véritablement commis par la Maréchale de Noailles, qui voulait absolument, coûte que coûte, avoir une *relique dérobée* en sa possession. C'était pour satisfaire à je ne sais quelle imagination superstitieuse et procéder à je ne sais quelle opération suivant sa lubie du moment. M. l'Archevêque envoya son Promoteur à l'hôtel de Noailles, et la Maréchale répondit pour ses raisons qu'elle avait eu besoin d'une *relique dérobée*, et qu'elle avait préféré se trouver chargée de la responsabilité du délit plutôt que d'exposer toute autre personne à la pénalité d'un vol sacrilége.

Ce fut à cette occasion-là que l'Archevêque de Paris et l'Évêque de Chartres eurent la précaution de lui interdire l'usage de la Communion, ce qui fut généralement désapprouvé, parce qu'ils ne voulurent pas en faire connaître le véritable motif. Je me trouvai, sans m'en douter, partie nécessaire au procès qu'on poursuivit à l'Officialité Métropolitaine, et j'y comparus avec la Comtesse de Marsan, en vertu d'un Monitoire épiscopal et sous le secret de la confession. Je n'ai jamais rien vu de plus grandiose et de plus sévèrement imposant que toute cette procédure mystérieuse au pied d'un tribunal ecclésiastique !

Les parens de la Maréchale étaient mécontens de la sentence et surtout de l'interdiction sacramentelle; mais s'ils avaient connu la vérité, ils auraient certainement rendu grâce à la charité pastorale, à la délicatesse, à la sollicitude attentive de ces deux Prélats. Ceux-ci n'opposèrent à l'improbation de la Cour et aux criailleries du philosophisme que le silence et la résignation la plus angélique.

Si l'on n'avait pas vécu familièrement avec la Maréchale de Noailles, on ne se serait jamais douté que c'était une folle, et qu'elle entretenait une correspondance épistolaire avec la Sainte-Vierge et les Patriarches. Elle allait déposer ses épîtres dans le haut d'un pigeonnier, à l'hôtel de Noailles; et comme elle y trouvait toujours des réponses à toutes ses lettres, on a supposé que c'était son aumônier qui les écrivait. L'aumônier de la Maréchale était le fameux abbé Griselet.

Elle était quelquefois un peu choquée du ton de familiarité que la Vierge Marie prenait avec elle : — *Ma chère Maréchale, et à la troisième ligne,* disait-elle avec un air aigre-doux ; il faut convenir que le formulaire est un peu familier de la part d'une petite bourgeoise de Nazareth ; mais il ne faut pas être exi geante avec la mère de notre Sauveur, reprenait-elle en inclinant sa tête ainsi qu'on fait au sermon quand un prédicateur y prononce le saint nom de Jésus ; et, du reste, ajoutait la Maréchale, il est à considérer que le mari de la Vierge était de la race royale de David. — J'ai toujours pensé, disait-elle à la Duchesse de Lesparre, j'ai toujours pensé que saint Joseph était issu d'une branche cadette que l'infortune ou l'injustice avait fait tomber dans la roture. C'était absolument comme dans ces anciennes parades mysticoquentieuses où l'on voit figurer l'Abbé Jésus qui s'entretient pieusement avec Mademoiselle de Capharnaüm, ou qui fait des lectures édifiantes à Mme la Marquise de Samarie.

La Maréchale de Noailles était toujours en quête de toutes les idées superstitieuses et saugrenues dont elle pouvait faire la découverte, dont elle absorbait la substance et dont elle s'appropriait toutes les folles pratiques. Elle avait découvert ou cru découvrir, par exemple, qu'elle avait une aïeule de cette grande maison des Loups de Gascogne dont on a vu, depuis ce temps-là, tant de gentillâtres avoir la prétention d'être issus, à commencer par les Montesquiou, et la Maréchale était persuadée que par conséquent, la fée Mellusine apparaissait et ne pouvait manquer d'apparaître au pied de son lit toutes les fois qu'il devait mourir un descendant de ladite Mellusine et du Comte Geoffroy *à la Grand'dent*, qui était son mari. Ce qu'il y a de véritablement curieux, c'est que la Maréchale de Noailles a justement prophétisé la mort de quarante à cinquante personnes, dont elle avait eu l'avertissement et la prévision par ce moyen-là, disait-elle. On expliquera ceci comme on voudra, mais c'est un fait avéré.

Par suite de sa parenté avec Messieurs de Lévis, qui n'étaient parens de la Vierge Marie que par alliance et par suite du mariage qu'elle avait eu l'honneur de contracter avec saint Joseph, avait soin d'observer la Maréchale, voilà qu'elle arrive un soir à la ménagerie de Versailles, et qu'elle se fait ouvrir d'autorité la loge des lions. Ces animaux restent confondus en voyant arriver auprès d'eux cette grande femme avec un grand habit sur un si grand panier! Apparemment que leur instinct les avertit qu'ils ne pourraient pas tirer grand profit d'une vieille femme si sèche et si bien préservée par vingt-cinq ou trente aunes de soiries épaisses, étalées sur des cerceaux et renforcées par des matelassures *insapides*, comme diraient les physiciens, mais toujours est-il que les lions se mirent à bâiller en la regardant, et qu'ils la laissèrent ressortir de leur loge comme elle y était entrée. L'Évêque diocésain de la Maréchale et de la Ménagerie, qui était M. de Chartres, entreprit de lui en faire un cas de conscience, en disant qu'elle avait *tenté Dieu!* Mais elle le rabroua de la belle manière en lui répliquant qu'il n'avait pas bien lu la Bible ou qu'il était un homme de peu de foi, attendu que *les lions ne peuvent rien contre la race de Lévy*. Si l'on avait voulu déterminer la Duchesse de Ventadour et surtout le Maréchal de Mirepoix à tenter l'essai de ce beau privilége, on aurait eu de la peine à les y décider (1).

(1) Charlotte de la Mothe-Houdancour, veuve de Louis de

L'Abbesse de l'Abbaye-aux-Bois, qui était une sainte fille et qui était une fille d'esprit, avait une histoire charmante sur la Maréchale de Noailles (1). Elle avait appris qu'elle venait souvent dans son église à l'heure où tout le monde est à dîner : on observa la pèlerine et l'on découvrit qu'elle allait adresser des discours interminables à la statue de la Sainte-Vierge, avec laquelle elle avait l'air d'entrer en contestation et même de se disputer, quelquefois.

Elle arrive un jour à l'autel de Notre-Dame, en lui faisant des révérences avec toutes sortes de prévenances et des politesses à n'en pas finir. La prière du jour avait pour objet de faire obtenir à M. le Maréchal-Duc de Noailles, époux de la solliciteuse, une somme de dix-huit cent mille livres dont il avait besoin pour le moment ; ensuite l'ordre de la Jarretière dont il avait bonne envie, parce que c'était la seule illustration capitale qui ne fût pas entrée dans sa famille ; et finalement, un diplôme de Prince du Saint-Empire Romain, parce que cette

---

Lévis Lautrec, Duc de Ventadour, et Gouvernante du Roi Louis XV. Elle avait peur de toute espèce d'animaux, et ce n'était pas sans motif de prévision, car elle est morte d'un coup d'apoplexie qui lui provint d'une piqûre de guêpe à la tempe.

Gaston de Lévis, *Maréchal héréditaire de la Foi,* Duc et Marquis de Mirepoix, etc., mort en 1757. On avait dit de lui qu'il n'avait pas d'autre *valeur* que celle de ses *beaux habits,* et qu'il avait pour toute *bravoure* une *gloutonnerie formidable.*

(*Note de l'Auteur.*)

(1) Madeleine de Créquy-Canaples, ensuite Abbesse du Paraclet et de Saint-Waltrude. Elle a péri sur l'échafaud révolutionnaire en 1793.   (*Note de l'Auteur.*)

qualification *principale* était le seul titre héréditaire dont il ne fût pas en possession.

On entendit subitement une petite voix flûtée qui se prit à dire : « Madame la Maréchale, vous « n'aurez pas les dix-huit cent mille francs que « vous demandez pour votre mari ; il a déjà cent « mille écus de rente, et c'est bien honnête ! il est « déjà Duc et Pair, et Grand d'Espagne, et Maré- « chal de France ; il a déjà le collier du Saint-Es- « prit et celui de la Toison-d'Or ; votre famille est « accablée sous les bienfaits de la cour ; si vous « n'en êtes pas satisfaite, c'est qu'il est impossible « de vous contenter, et je vous conseille de renon- « cer à devenir Princesse de l'Empire. Votre mari « n'aura pas non plus la jarretière de Saint Geor- « ges ! »

Cette extravagante Maréchale ne s'en trouva pas autrement surprise ou désorientée. Elle imagina que c'était l'Enfant-Jésus qui avait pris la parole, et la voilà qui se met à crier : — *Taisez-vous, petit sot, et laissez parler votre mère.* Alors on entendit l'explosion d'un rire éclatant..... C'était le petit de Chabrillan, qui était un espiègle et qui s'était caché derrière l'autel (1).

Ce que la Maréchale avait imaginé de plus surprenant, c'était d'avoir fait peindre par Boucher, et

---

(1) Henri de Moreton, Vicomte de Chabrillan, premier Page de la Reine, et Mousquetaire de la garde. Il était neveu de la Coadjutrice abbatiale de Mme de Canaples, ce qui doit expliquer l'intimité de ses relations avec ce monastère, où toute chose était d'une régularité parfaite. (*Note de l'Auteur.*)

dans un même tableau, tous ses petits-neveux en Amours et complétement nus, ce qui va sans dire, avec des bandeaux, des flambeaux, des carquois, des ailes, enfin tout le surplus de leur attirail mythologique et de leurs affiquets érotiques ; mais comme il n'aurait pas été juste et bienséant de représenter des enfants de la maison de Noailles comme des divinités vulgaires, des Amours du peuple ou des Cupidons bourgeois, on leur avait mis le *plastron de Malte* sur la poitrine, entre cuir et chair, afin de montrer qu'ils étaient nés *Grand'Croix* de l'ordre. On voyait écrit sur une exergue d'architecture, au fond du tableau, que la mère de tous ces AMOURS était une VÉNUS et qu'elle était LA DERNIÈRE DE LA MAISON D'ARPAJON. Il y avait encore un de ces Cupidons Grands Baillis qui portait à la pointe de son *trait vainqueur* une banderolle où l'on avait inscrit les initiales de la devise de l'ordre F. E. R. T. *Fortitudo ejus Rhodum tenuit* (leur valeur a sauvé Rhodes). Je ne sache pas qu'on ait jamais rien vu de plus hétéroclite, et tous les Noailles en riaient à se tenir les côtés. Il est à noter que tous les Noailles étaient gens d'esprit et du meilleur goût, mais c'était néanmoins et pour tout dire, à la restriction du Prince de Poix qui n'a jamais eu ni l'un ni l'autre.

CHAPITRE X.

La Comtesse d'Egmont. — Son Portrait. — Le Maréchal de Richelieu. — Sa Famille et sa Généalogie. — Anecdote sur Fléchier. — L'Oraison funèbre. — Le Comte de Gisors. — Le Maréchal de Bellisle. — Le Vidame de Poitiers. — L'Hôtel de Lusignan. — Pressentiment de Mme d'Egmont. — L'Abbé Cochin. — Scène étrange à l'Hôtel-de-Ville. — Faux miracle — Le Comte d'Egmont. — Son Portrait. — Pressentimens de la Duchesse de Bourbon. — Pressentimens de l'auteur. — Singuliers pressentimens d'une Dame polonaise. — Le jeune Séverin. — Le Testament. — Le Catafalque et Mme de Parabère. — Voltaire et Mme de Créquy. — Mlle Clairon. — Le grand Couvert. — Lettre du Cardinal de Fleury. — Le Curé de Saint-Jean-en-Grève. — Le vieux Comte d'Aubigné. — L'office du Saint-Esprit. — Restitution d'une serviette.

Malgré la distance entre les dates et malgré la différence des âges et des caractères, après vous avoir fait entrevoir ma plus ancienne et ma meilleure amie, Mme de Marsan, je voudrais aujourd'hui vous faire connaître ma dernière et ma plus chère amie, Mme d'Egmont. On n'a jamais été plus parfaitement raisonnable et plus justement considérée que ne l'était Mme de Marsan ; on n'a jamais été plus étrangement déraisonnable et plus injustement calomniée que ne l'a été Mme d'Egmont ; mais on est forcé de convenir qu'elle y donnait sujet par un air de préoccupation romanesque, et surtout par un air d'ennui dédaigneux et mortifiant qu'elle avait toujours avec les ennuyeux. Vous ne sauriez imaginer combien le silence et l'air ennuyé de cette charmante jeune femme avaient excité d'animosité contre elle. De tous les labeurs, le plus pénible est celui de cacher l'ennui qu'on nous cause, et voilà pourquoi les personnes *nerveuses* se font toujours une foule d'ennemis.

Sophie-Septimanie de Richelieu était la fille unique du Maréchal de Richelieu et de la Princesse Elisabeth de Lorraine, héritière des Guise. Elle était beaucoup plus sensible à l'honneur de sa descendance maternelle qu'à l'illustration de ses ancêtres paternels, et comme elle n'avait pas toujours la précaution de le dissimuler devant son père, elle en recevait quelquefois de bons coups sur les doigts. M. de Richelieu avait toujours eu beaucoup d'estime et de confiance pour ma grand'mère. Ils s'appelaient toujours mon Compère et ma Commère, comme s'ils eussent été des gens du faubourg Saint-Denis, et, quand on avait l'air d'y prendre garde, M. de Richelieu disait pour leur justification que c'était à l'exemple du roi Louis XIII, qui disait toujours très sérieusement, comme tout ce qu'il disait, « ma « Commère la ville d'Anvers, et mes bons Compè- « res les treize cantons suisses. » Comme ils n'avaient jamais été de compte-à-demi parrain ni marraine, on n'a jamais pu savoir à quoi rimait, ni d'où pouvait provenir cette manière de se parler qui datait de leur jeunesse et dont ils n'avaient aucun souvenir originel. Voilà qui n'importe guère, et toujours est-il que ma grand'mère était à peu près la seule personne avec qui le Maréchal de Richelieu eût l'habitude de parler à cœur ouvert.

— Vous croyez peut-être aussi, lui disait-il un jour, que nous sommes des gens de rien?

— Mais qu'est-ce qu'il vous prend de me demander pareille chose? lui répondit ma grand'mère; je ne vous répondrai pas!

— J'en suis bien fâché, lui répliqua le Maréchal, parce que je vous aurais confondue!

— Allez toujours, mon Compère, allez toujours, et débattez-vous comme si je vous avais dit des indignités! Je serai bien aise de vous savoir encore plus grand seigneur que je ne le croyais.

De fil en aiguille, il en vint à lui conter une anecdote où figurait le célèbre Fléchier. Je vous la rapporterai parce qu'elle me paraît curieuse et tout-à-fait dans les mœurs de notre grand siècle.

Le Maréchal Duc de Richelieu, qui ne se laissait molester sur aucun sujet, et qui ne se serait pas laissé entreprendre sur un tel chapitre que celui de son extraction nobiliaire, car c'était la base et le fondement de toute considération solide en ce temps-là, ce qui prouve que les temps sont bien changés! le Maréchal de Richelieu, vous disais-je, eut pourtant la bonhomie d'avouer à ma grand'mère qu'il éprouvait une inquiétude perpétuelle au sujet de l'opinion qu'on pouvait avoir sur le plus ou moins d'ancienneté de sa noblesse, en ajoutant qu'en dépit de la comédie qu'il avait jouée par un calcul de vanité facile à comprendre, le plus beau jour de sa vie avait été celui où il avait épousé Mlle de Guise, dont il était principalement amoureux pour ses croix de Lorraine et ses alérions d'or. Il est assez connu que son duel avec un prince lorrain n'avait eu lieu qu'à la suite d'un propos tenu par celui-ci contre la maison de Richelieu, à laquelle il trouvait que la sienne avait fait, par cette alliance, un honneur inespérable ; mais revenons à l'anecdote que je vous ai promise et que je n'ai vue citée nulle part.

Vous savez que le Cardinal de Richelieu, qui n'avait aucun parent de son nom, avait fait substituer son immense fortune, avec son nom, ses armes et ses titres, aux enfans de sa sœur qui avait épousé un gentilhomme poitevin du nom de Vignerot? Les Richelieu d'aujourd'hui sont donc Vignerot par origine et par extraction primitive, et l'on a toujours débité que l'origine de leur famille paternelle était obscure. Lorsque la fameuse Duchesse d'Aiguillon, qui était la nièce du Cardinal et qui s'appelait Marie de Vignerot, mourut à Versailles, Bossuet n'en pouvait plus, et le Roi décida que ce serait Fléchier qui ferait l'oraison funèbre de l'illustre défunte. On voit que Louis XIV se mêlait de toutes choses, et l'on est obligé de convenir que toutes choses, n'en allaient pas plus mal.

Avant d'obtempérer aux ordres du Grand Roi, l'Evêque de Nîmes alla faire une visite au Duc de Richelieu, neveu de Madame d'Aiguillon, afin de s'informer si l'intention de ce Seigneur était d'obliger le panégyriste funéraire à parler de la noblesse de leur famille... — M. de Richelieu répondit modestement que c'était l'usage, et qu'il ne voyait aucun motif pour s'en dispenser. Fléchier lui déclara, le plus honnêtement possible, que sa conscience ne lui permettrait peut-être pas d'obéir au Roi, parce qu'il ne devait et ne pouvait composer avec des vanités humaines ou des illusions fabuleuses, et surtout dans la chaire de vérité. Le Duc de Richelieu tombait des nues! Il affirma que la maison de Vignerot, ou plutôt de Wignerod, était d'origine anglaise, et l'une des plus anciennement établies dans le duché d'Aquitaine. L'orateur funèbre n'en démordit pas, et tout ce qu'on put obtenir de lui, ce fut d'examiner les parchemins qui devaient justifier les prétentions du Duc de Richelieu. Fléchier les emporta dans son carrosse, ensuite il fit scrupuleusement examiner et vérifier tous les titres de la maison de Vignerot par les Bénédictins et les Minimes, ce dont il résulta toutes les belles choses que nous voyons dans l'oraison funèbre de cette sainte personne (1). Le Maréchal de Richelieu avait en sa

---

(1) .... «Elle n'a été grande que pour servir Dieu plus humblement; riche, que pour assister plus libéralement les pauvres de Jésus-Christ; vivante, que pour se disposer continuellement à bien mourir. Seigneur! posez sur mes lèvres cette garde de circonspection et de prudence que vous demandait autrefois le Roi-Prophète, et ne permettez pas qu'il se glisse aucun sentiment profane dans un éloge que je vais prononcer en face de vos autels, et que je dois régler sur la vérité de la parole évangélique!

« La noble maison de Wignerod, originaire d'Angleterre, établie en France sous le règne de Charles VII, s'est élevée au rang qu'elle y tient par une succession de vertus, et a mérité, par de signalées victoires remportées sur terre et sur mer, un perpétuel accroissement d'honneur et de gloire, etc. »
(ORAISON FUNÈBRE DE TRÈS HAUTE ET TRÈS PUIS-

possession la lettre de Fléchier à son grand-père, où ce prélat faisait une sorte d'amende honorable à la gloire et à l'antiquité de la maison de Vignerot : il ne manqua pas de la montrer à sa commère ; mais les envieux ne se sont pas piqués du même scrupule de conscience que l'équitable Fléchier.

 Quel siècle c'était pourtant, que celui où un simple Évêque osait exercer un pareil contrôle sur les prétentions d'un aussi grand Seigneur que le Duc de Richelieu, héritier du Cardinal, en osant décliner un mandement, un ordre formel, un commandement exprès d'un si grand monarque ! un siècle où la livrée de Paris s'en allait porter plainte à M. le Prévôt des marchands, parce qu'on n'avait pas compris les gens de livrée dans la capitation que les autres Parisiens étaient obligés de payer pour les frais de la guerre ! Allez donc chercher aujourd'hui une pareille marque de patriotisme, je ne dirai pas chez les valets, mais parmi les bourgeois de ce temps-ci. Ce n'était pas qu'on traitât ses domesti-

---

SANTE DAME, MADAME MARIE-MADELEINE DE WIGNEROD DE PONT-DE-COURLAY, DUCHESSE D'AIGUILLON, COMTESSE D'AGÉNOIS ET DE CONDOMOIS, PAIR DE FRANCE, ET DAME D'ATOURS DE LA REINE-MÈRE, veuve de Haut et Puissant Seigneur, Messire Anthoine de Beauvoir de Grimoard du Roure, Chevalier, Marquis de Comballet, etc., *par Illustrissime et Révérendissime Seigneur, Messire Esprit Fléchier, Évesque et Comte de Nismes, Abbé commandataire e Seigneur de Saint-Savarin, Prieur et Châtelain de Saint-Jean de Villemort, Conseiller du Roi en tous ses conseils et l'un des Quarante de l'Académie française*). Opuscule du temps, en cinquante-trois pages d'impression, avec les armes de Vignerot d'Aiguillon sur le titre.

ques avec plus de considération qu'à présent, car j'avais une tante (1) qui envoyait toujours ses laquais en grande livrée sur la place de Grève, quand on y devait pendre quelque malfaiteur, en leur disant qu'ils allassent à l'école. Mais voilà que je vous ai mené bien loin de Mlle de Richelieu.

Je n'entreprendrai pas de vous décrire exactement cette charmante personne, parce qu'elle était pourvue d'une grâce indéfinissable. C'était un composé de charme d'esprit, de politesse noble, de traditions parfaites et d'originalité piquante, avec des manières exquises et comme une élégance parée sous laquelle on entrevoyait un germe de mort prochaine. C'était, pour ainsi dire, une image, une représentation de la noblesse et de la cour de France en 1782. Mme d'Egmont m'a laissé le souvenir d'une sylphide insaisissable, et son idée m'est toujours restée une impression prestigieuse, comme la suite d'un rêve enchanteur. Elle était grande et svelte ; elle avait des yeux bruns, noirs ou gris, dont la couleur était assortie à son impression du moment. On n'a jamais revu des yeux pareils à ceux-là pour les variétés de leur expression ni pour leur effet magique.

Ma bonne grand'mère avait mis dans sa tête de lui faire épouser le fils du Maréchal de Bellisle, le Comte de Gisors, qui était le jeune seigneur le plus beau, le plus brave et le plus aimable de son temps. — Grand merci ! lui répondait le Maréchal de Richelieu ; je n'ai pas envie de donner ma fille au petit-fils du surintendant Fouquet ! Je ne dis pas, si j'étais

---

(1) La Comtesse d'Esclots.

de la maison d'Auvergne ou de celle de Créquy !
Mais nous sommes trop sottement chicanés sur la noblesse pour aller nous allier à des gens de robe. —
Mais je vous dis qu'ils s'aiment, ils s'adorent ! —
Eh ! jarni, ma commère ! ils se trouveront dans le
monde, et je n'ai pas l'envie de faire de Mademoiselle
de Richelieu une religieuse du Paraclet. On n'y put
rien gagner, et Septimanie fut mariée, malgré
qu'elle en eût, avec le plus grand seigneur et le plus
gros gentilhomme des Pays-bas (1).

L'aimable Comte de Gisors fut tué à l'armée, ce
qui fit que le Roi Louis XV alla faire une visite de
condoléance au Maréchal-Duc de Bellisle, son père,
et c'était, disait celui-ci, la seule consolation qui
pût triompher de son affliction paternelle. Ensuite
il obtint la Grandesse d'Espagne avec un diplôme
de Prince du Saint-Empire, et vous pouvez compter
qu'il n'y paraissait plus. Ce Maréchal de Bellisle
était certainement le plus égoïste et le plus vaniteux des humains (2) !

(1) Casimir-Auguste d'Egmont-Pignatelli, mort en 1786.
Il avait eu pour première femme Blanche-Alphonsine de Saint-Séverin d'Aragon-Borgia-Guzman-Tolède et Cordoue, dont il
n'avait eu que trois filles, mortes en bas âge. Ensuite il épousa
Sophie-Louise-Armande-Septimanie de Vignerot du Plessis
Richelieu, dont il n'a jamais eu d'enfans. C'était assurément le
plus révérencieux, le plus silencieux et le plus ennuyeux mari
de la terre. *(Note de l'Auteur.)*

(2) Charles-Louis-Auguste Fouquet de Bellisle, Duc de Gisors, Marquis de Bellisle-en-Mer, Comte des Andelys et de Vernon,
Vicomte de Melun, Baron de Vaux, etc., lequel était en outre
Pair et Maréchal de France, Prince du Saint-Empire, Chevalier des ordres, et l'un des quarante de l'Académie française.

Mme d'Egmont était idolâtrée par son père, à moins pourtant qu'elle eût l'air de s'appuyer sur les Alérions de Lorraine, car alors elle était accablée de reproches épigrammatiques et soumise au régime de la Déclaration de Fléchier, que son père lui administrait assidûment pendant sept ou huit jours. Du reste, M. de Richelieu aimait encore moins son fils unique que le Maréchal de Bellisle n'avait regretté le sien, qui était cependant un autre personnage que le Duc de Fronsac. Je me souviens qu'ayant demandé de ses nouvelles à son père le Maréchal de Richelieu, celui-ci répondit : — M. de Fronsac ? je n'ai pas eu l'honneur de le voir depuis long-temps. Je ne sais pas si nous sommes parens, mais nous ne sommes pas amis !....

On a beaucoup parlé de l'ignorance affectée du Maréchal de Richelieu, qui se divertissait à paraître ne pas savoir les choses les plus simples. Il est vrai qu'il ne savait pas grand'chose en fait de géographie ni d'orthographe ; mais il était très habile en fait d'histoire ecclésiastique et passablement instruit en astronomie, ce qui me faisait dire qu'on ne lui avait pas fourni de chemises, et qu'il avait acheté des manchettes ; mais, du reste, on aurait dit que la justesse et la vivacité de son esprit sup-

---

Il est mort en 1761, âgé de 77 ans. De sa seconde femme, Marie-Casimire de Béthune, il avait eu pour unique enfant Louis-Marie, Comte de Gisors, qui fut tué en 1758 à l'armée du Rhin, à l'âge de 26 ans, et qui n'a pas laissé d'enfans de son mariage avec Hélène-Julie-Diane de Mancini-Mazarini, ce qui fait que la postérité du surintendant Fouquet se trouve éteinte
(*Note de l'Auteur.*)

pléaient magnifiquement à ce qu'il ne savait pas. Le Chevalier de Montbarrey m'a conté que le Maréchal, se promenant un jour dans le parc de Versailles à la suite de Madame la Dauphine (1), cette princesse lui demanda, je ne sais pourquoi, quelle différence il y avait entre les Dryades et les Hamadryades. — Mais, Madame, lui répondit le Maréchal, qui n'en savait pas un mot, il m'est avis que c'est comme qui dirait entre l'Archevêque de Sens et l'Évêque d'Auxerre que voilà : j'ai vu qu'il s'était rangé pour laisser passer l'Archevêque, qui est son Métropolitain. Le Duc de Nivernais, savant mythologiste, ne se serait pas tiré d'affaire avec plus de sagacité.

Une des bonnes histoires du Maréchal de Richelieu, c'est celle d'une leçon qu'il avait été donner à son petit-fils, pendant qu'il était au collége, et voici comment. C'était un 30 décembre, et par une assez belle journée d'hiver ; on vient avertir le principal du Plessis que le carrosse de M. le Maréchal de Richelieu vient d'arrêter à la porte de ce collége, et qu'il demande à voir M. le Comte de Chinon, son petit-fils, âgé pour lors de seize à dix-sept ans (2). On s'aheurte, on s'empresse, et

(1) Marie-Joséphine de Saxe, femme du Dauphin, père et mère des Rois Louis XVI, Louis XVIII et Charles X.

(2) Armand-Emmanuel-Sophie-Septimanie de Vignerot du Plessis, alors Comte de Chinon et de Pontcourlay, depuis Duc de Richelieu et de Fronsac, Pair et grand-Veneur de France, ex-Président du conseil des Ministres, etc., mort en 1822. La date de cette anecdote, qui n'est pas précisément indiquée, paraît être de 1785 à 1786.

toutes les autorités collégiales viennent se ranger autour des portières dorées et blasonnées du vieux Seigneur, qui s'opiniâtre à laisser les deux glaces baissées par civilité. On a fait sortir M. le Comte de Chinon de sa classe de rhétorique, et quand on a fait établir dans sa petite chambre un grand fauteuil en point de Bergamme, avec un bout de vieux tapis pour mettre sous les pieds du Maréchal, on conduit processionnellement le vainqueur de Mahon jusqu'à la porte de cette chambre, où l'on n'avait pas eu la précaution de faire allumer du feu, et puis chacun se retire avec une discrétion respectueuse. Le jeune homme a rapporté qu'après cinq ou six minutes de conversation, son grand-père lui avait demandé, avec un air de sollicitude et de bonhomie prévoyante : *Est-ce que vous avez encore de l'argent ?* — Ah ! certainement, Monsieur le Maréchal, lui répondit le rhétoricien d'un air de triomphe et avec tout l'amour-propre qui peut résulter, pour un écolier soigneux et rangé, d'une sobriété parfaite et d'un amour de l'économie pleinement satisfait. Il ajouta qu'il n'avait pas encore eu besoin de toucher à une bourse de cinquante louis que le Maréchal lui avait envoyée le jour de sa fête, il y avait de cela cinq ou six mois ! *Voyons donc ça, s'il vous plaît ?* lui répliqua son grand-père, et tout aussitôt qu'il eut les cinquante louis entre les mains, le vieux Maréchal se lève, il ouvre une fenêtre, il regarde et se met à crier : — *Ditt'-donc, m'sieux, m'sieux l'balayeux !* (vous saurez que le Maréchal de Richelieu parlait toujours comme un faubourgeois de Paris, suivant la mode qu'il en avait prise et gardée du temps de la Régence, dont il avait conservé d'autres habitudes moins excusables que cette affectation de mauvais langage et de prononciation vicieuse). *V'nez donc par ici... V'la quéques louis que m'sieux l'Comte de Chinon m'a chargé de vous donner pour vos étrennes,* et il jette la bourse par la fenêtre. — *Monsieur,* dit-il en se retournant, *à votre âge, et quand on est destiné à porter le nom de Richelieu, faut pas mettre son argent dans son secrétaire, et faut jamais garder cinquante louis dans sa poche à ne rien faire...*

On a fait beaucoup d'histoires de galanterie sur la Comtesse d'Egmont, et notamment on avait beaucoup parlé de Rhullières (1); mais la vérité certaine est qu'après la mort de M. de Gisors elle n'a jamais eu qu'un seul attachement qui n'a cessé de remplir son cœur et sa tête, et qui l'a suivie jusqu'au tombeau, où le chagrin l'a fait descendre prématurément. C'est une histoire tellement romanesque et si bien prouvée que la moitié du monde a refusé d'y croire, tandis qu'une autre partie du public ne pouvait en douter, malgré son invraisemblance, et c'est de cette dernière *partie du monde* que je me suis trouvée par suite de nos relations intimes avec l'hôtel de Richelieu. Ce n'est jamais d'un *courtaud de boutique* qu'il a été question, et les mauvais romanciers ont confondu l'aventure de Mme d'Egmont avec une des histoires de la Du-

---

(1) Claude-Henry-Carloman de Rhullières, auteur de l'histoire de *l'Anarchie de Pologne*, etc., né en 1735, mort en 1791.

chesse d'Orléans (1). C'était un jeune et séduisant gentilhomme que la mauvaise fortune avait forcé d'entrer dans les gardes-françaises en qualité de simple soldat; et comme il ressemblait inconcevablement au Comte de Gisors, avec plus de jeunesse et plus d'agrément encore, s'il est possible, on pourrait dire, à la défense de cette malheureuse Comtesse d'Egmont, que ce dernier attachement fut une preuve de la solidité de son caractère, et la marque de sa fidélité pour le premier objet de son affection. Cet aimable jeune homme ayant donc une ressemblance extraordinaire avec M. de Gisors pour la figure et la physionomie, pour la taille et la démarche et jusque pour le son de la voix, on supposa qu'ils pouvaient être fils du même père; et du reste, voici l'anecdote avec tous ses détails.

Mademoiselle de Richelieu était donc devenue Comtesse d'Egmont et tout ce qui s'ensuit, c'est-à-dire une des *sommités aristocratiques* les plus élevées de l'Europe, ainsi qu'on a la bonne grâce et la simplicité de s'exprimer aujourd'hui; c'est-à-dire Princesse de Clèves et de l'Empire, Duchesse de Gueldres, de Julliers, d'Agrigente et de Bisacia, enfin Grande d'Espagne à la création de l'Empereur Charles-Quint, côte à côte avec les Duchesses d'Albe et de Medina-Celi, qui sont les deux plus grandes dames de l'Europe. On remplirait quatre pages avec la titulature et la liste des majorats de cette grande et puissante maison d'Egmont, qui descendait en ligne directe des Souverains-Ducs de Gueldres, et

(1) Mère de Louis-Philippe-Égalité.

que la haute noblesse de tous les pays a eu la contrariété de voir s'éteindre. On a toujours dit que c'était à Mademoiselle de Richelieu qu'on avait à le reprocher.....

La Comtesse d'Egmont vivait donc poliment avec son mari, mais voilà tout. Pendant qu'on la mariait à son Marquis de Carabas, on avait fait épouser Mlle de Nivernais à M. de Gisors, qui fut tué quelques mois après son mariage : ainsi nos deux amoureux n'eurent pas le temps de se *rencontrer dans le monde,* où ils ne s'étaient jamais parlé que le langage des yeux ; mais le souvenir du Comte de Gisors était resté tellement présent et sensible à Mme d'Egmont qu'on l'aurait fait s'évanouir si l'on avait prononcé son nom devant elle. Le Prince-Abbé de Salm s'avisa de vouloir en faire un jour l'expérience à l'hôtel de Richelieu : la pauvre jeune femme en fut prise de convulsions abominables, et tous les honnêtes gens firent défendre leur porte à ce méchant bossu. Le Maréchal de Richelieu s'en fut quelques jours après lui faire une visite en grand équipage, comme si de rien n'était et pour le bon air de ne se douter de nulle chose, ce qui fut bien compris et trouvé du meilleur goût.

Il y avait par le monde, ou plutôt hors du monde, un vieux seigneur de la vénérable maison de Lusignan, qui s'appelait le Vidame de Poitiers (1). On savait qu'il était à végéter dans une

---

(1) Henri-Léon de Lusignan des Rois de Jérusalem, de Chypre et d'Arménie, Comte de Mauvillars, Vidame et Vicomte de Poitiers, Brigadier des armées du Roi, Chevalier de l'ordre

grande maison du Marais, mais personne ne le voyait, parce qu'il était d'une sauvagerie et d'une bizarrerie singulières. On racontait sur lui des choses étranges, et l'on disait notamment que, s'il ne sortait jamais de son hôtel, c'était à raison d'une lettre de cachet. On ajoutait que, s'il avait le malheur de sortir, on le remettrait à la Bastille, où il avait déjà passé plusieurs années, et l'on prétendait que le Lieutenant de Police entretenait chez lui deux ou trois surveillans... Les ministres et les magistrats faisaient toujours la sourde oreille et ne se laissaient jamais entamer sur le chapitre de ce Vidame, qui était pour les gens du monde à peu près comme la Supérieure des Carmélites ou (sans comparaison) comme le bourreau, qu'on sait exister, mais que les gens du monde n'ont jamais vu. (Pendant que j'y pense, et de peur de l'oublier, laissez-moi vous faire une parenthèse au sujet du bourreau de Paris, ainsi qu'à l'occasion de cet étrange Vidame dont je n'aurai peut-être jamais celle de vous reparler.) Le charitable Abbé Cochin, Curé de Saint-Jacques-du-Haut-Pas, et fondateur de l'hospice qui porte son nom, était certainement un personnage de la véracité la plus parfaite. Dans sa jeunesse, en hiver, un jour qu'il sortait à cinq heures du matin de chez son père, qui était un vieux Conseiller d'état, domicilié dans le Marais, il voulut traverser la place de Grève, dont il trouva

---

royal de l'Aigle blanc de Pologne, etc., mort à Paris le 22 avril 1770. Sa branche était l'aînée de celle du Marquis de Lusignan d'aujourd'hui. (*Note de l'Auteur.*)

tous les abords obstrués et barrés par des soldats aux gardes-françaises ; on vit qu'il était ecclésiastique, et le sous-officier le laissa passer en lui faisant un signe d'intelligence auquel il ne comprenait rien. Arrivé près de l'Hôtel-de-Ville, dont la grand'porte était ouverte, il entrevoit du mouvement et des flambeaux ; la curiosité l'excite, et, comme il avait des habitudes à l'Hôtel-de-Ville, où tous ses grands-pères et ses grands-oncles avaient toujours été Conseillers, Échevins et Quartiniers de père en fils, il monte ; et jugez quel est son étonnement en apercevant au milieu de la cour tous les préparatifs d'une exécution capitale ! Il s'y trouvait sept à huit figures sinistres, dont un exécuteur avec son damas, à côté d'un billot couvert d'un drap noir et d'un autre billot non drapé. Il y régnait un profond silence, mais bientôt l'on vit arriver deux beaux jeunes gens qu'on fit agenouiller chacun à portée de son billot, en ayant soin de les faire reculer ou avancer plus ou moins, suivant les prescriptions de l'exécuteur.

L'Abbé Cochin, qui tremblait de tous ses membres et qui s'était reculé derrière un pilier des arcades qui font de cette petite cour une espèce de cloître, vit ensuite que ces deux malheureux jeunes gens laissèrent tomber leurs têtes plutôt qu'ils ne les posèrent sur les billots, et puis le bourreau tira son coutelas dont il essaya le tranchant avec son doigt ; mais voilà qu'au lieu de couper la tête à ces deux gentilshommes, il se contenta de leur passer le dos du sabre sur le col, avec un air de grande importance ; après laquelle manœuvre il essuya soigneusement son grand damas, qu'il remit dans le fourreau, et il se tint tranquille. Les deux patiens restèrent sept à huit minutes avant de pouvoir s'imaginer qu'ils fussent en liberté de relever la tête ; et pour lors un vieux magistrat se mit à leur lire des lettres de grâce, où l'Abbé Cochin entendit très distinctement qu'il était question du Prince de Conti et du Vidame de Poitiers. L'Abbé Cochin s'esquiva comme il put de l'Hôtel-de-Ville ; il raconta l'aventure à ses jeunes confrères en Sorbonne, et c'est ainsi qu'elle se trouva répandue parmi ses contemporains. Ils disaient aussi que M. Cochin, le père, avait été mandé le lendemain matin par le Cardinal de Fleury, pour qu'il eût à commander à M. son fils de garder le silence, attendu que la correction dont il avait été témoin touchait à l'honneur de la maison royale, et qu'elle était par conséquent un secret de l'état. On connaît la sévérité du Cardinal et l'horreur de Louis XV à l'égard de certain vice. (Autre parenthèse entre parenthèses. Madame d'Egmont voudra bien attendre, et je ne vous tiens pas quitte de l'Abbé Cochin, dont il me reste à vous conter un miracle).

In illo tempore, l'Abbé Cochin demeurait au séminaire de Saint-Sulpice, où ses parens lui donnaient tous les mois, pour ses menus plaisirs, un double-louis qu'il dépensait en aumônes. Au nombre de ses pensionnaires, il y avait une pauvre mère de famille que l'Abbé trouva un jour de congé devant la porte du séminaire, où elle attendait sa sortie pour se recommander à sa charité, à propos de je ne sais quel surcroît de misère et d'affliction. On était à la fin du mois, et l'Abbé Cochin lui répondit qu'il fallait attendre encore quelques jours par la raison qu'il n'avait plus d'argent. Voilà cette femme qui lui soutient que la chose est impossible, et que, si peu qu'il lui donne, il lui rendra la vie. L'Abbé proteste en baissant les yeux qu'il ne possède pas même un denier. Enfin la pauvre femme a l'air d'extravaguer; elle s'écrie qu'il est un saint, qu'il est dans le cas d'opérer des miracles, et que s'il veut prendre seulement la peine de fouiller dans sa poche, elle est bien assurée qu'il y trouvera quelque chose à laquelle il ne s'attend pas, et qui suffira pour ses besoins du moment. Pour en avoir la paix, le saint Abbé s'apprête à lui montrer le fonds de sa poche; mais en y fouillant pour la retourner, voilà qu'il y trouve, à sa grande surprise, trois pièces de six francs... L'Abbé les donna tout de suite à cette malheureuse femme et courut s'agenouiller, avec une joie remplie d'humilité, dans la chapelle de la Bonne-Vierge à Saint-Sulpice, où il passa le reste de la journée en actions de grâce pour la vertu miraculeuse que Dieu avait eu la gratuité de mettre en lui, et dans le trouble d'un saint effroi pour cette portion de la puissance divine dont il était devenu le dépositaire.

En rentrant au séminaire, il entend crier : Le voilà! le voilà! — Humilions-nous, se dit-il, humilions-nous!... — Par ma foi! Cochin, tu m'as joliment impatienté, lui cria son camarade de cellule qui l'attendait à la porte; tu m'as laissé ta culotte au lieu de la mienne où j'avais dix-huit francs... Jugez du désappointement du jeune thaumaturge! Le bon Curé de Saint-Jacques contait cette histoire de la manière la plus charmante. Il était le confesseur de tous mes grands parens. La parenthèse a été longue; mais je m'engage à ne plus vous reparler de l'Abbé Cochin.

La Comtesse d'Egmont reçut un jour une lettre du Vidame de Poitiers, qui la suppliait de vouloir bien prendre la peine de passer chez lui, parce qu'il avait à l'entretenir d'une affaire importante, et qu'il n'était pas *transportable;* c'est le mot dont il se servait, et sur lequel on ne manqua pas d'épiloguer à l'hôtel de Richelieu. — Irai-je? — Allons donc! — Il est devenu fou! — N'allez pas chez un pareil sorcier! — Ne manquez pas d'aller à son rendez-vous, dit le Maréchal à sa fille.

Il avait été question d'envoyer chez le Vidame, à la place de Mme d'Egmont, une grosse demoiselle assez ridicule pour une chanoinesse à trente-deux quartiers, car elle parlait français comme une servante de Maubeuge, et c'était une Comtesse de Sainte-Aldegonde; mais le Maréchal y mit un air d'autorité si résolu que la Comtesse d'Egmont fut obligée d'en prendre son parti. Elle a souvent répété qu'elle avait éprouvé sur cette entrevue des pressentimens extraordinaires; enfin la voilà partie pour l'hôtel de Lusignan, que personne ne savait comment trouver, parce que les gens du monde n'y allaient plus et n'y envoyaient jamais.

Sans avoir aucun air de magnificence à l'extérieur, c'était un véritable palais de fée que cette maison, et toute habituée qu'était Mme d'Egmont à la délicieuse élégance de l'hôtel de Richelieu comme à la splendeur du château de son grand-oncle, qui est sans égale, elle en fut émerveillée. Le vestibule et les escaliers de marbre étaient garnis de statues et de grands arbres verts ; les antichambres étaient remplies de valets en grande livrée qui étaient rangés sur deux files; enfin toutes les pièces de l'appartement étaient d'une richesse et d'une recherche nompareilles. Tout cela venait aboutir à une longue et haute galerie, en jardin d'hiver, qui conduisait sous une voûte d'orangers, entre des buissons de myrtes et de rosiers fleuris, et sur un tapis de gazon frais et fin, jusqu'à une sorte de petit degré rustique, dont les marches étaient des troncs de baliveaux entre-calfatés avec de la mousse, et dont la rampe était formée de raboteux branchages tortus, rabougris, bifourchus, tricornus et recouverts de leur charmante écorce galeuse. C'était pastoral et bocager à faire pâmer de satisfaction ; c'était la folie du temps.

Le gentilhomme du Vidame, qui était venu recevoir et qui conduisait Mme d'Egmont, lui demanda beaucoup de pardons de la part de son maître ; Mme d'Egmont se mit à grimper le petit escalier silvestre, qui, du reste, n'avait rien d'incommode, et voilà qu'elle se trouve sur une espèce de soupente, édifiée dans une étable, à 12 ou 15 pieds du sol, et qu'elle aperçoit sur une couchette un vieux monsieur, en bonnet de nuit, qui dormait profondément. Le gentilhomme-servant s'était retiré sans entrer sur la soupente où Mme d'Egmont resta fort embarrassée !... En attendant le réveil de M. le Vidame, elle observa curieusement que l'ajustement de cette espèce de tribune était comme l'escalier, dans le style le plus rustique. Les parois ainsi que les murs de l'étable étaient badigeonnés à la chaux vive, et l'on voyait quatre ou cinq belles vaches flandrines au râtelier. Le mobilier de la soupente ne consistait que dans la couchette, qui était sans rideaux, avec une couverture de laine verte et des draps de toile écrue ; deux chaises de paille aussi communes que celles des églises ou des chaumières, un tablette de sapin sur laquelle il y avait une serviette bise, avec quelques ustensiles de poterie rougeâtre et grossière, mais tout cela d'une propreté parfaite ; et, de plus, on voyait, sur les murs éclatans de blancheur, une suite d'images villageoises attachées par de gros clous dont on avait eu la précaution de garnir la tête avec des morceaux de cartes à jouer (afin de ménager et préserver le papier des images, et suivant la coutume des paysans). Cette recherche et cette affectation de simplicité champêtre, au milieu de Paris et dans un palais, divertissaient beaucoup la Comtesse d'Egmont qui prit le parti de s'asseoir et d'attendre paisiblement (1). Au bout d'un quart d'heure, elle se mit à tousser avec discrétion, et puis elle se mit à tousser plus fort, et puis elle se mit à tousser de toutes ses forces, au point d'en avoir craché du sang. Enfin, voyant qu'il n'en résultait rien, elle trouva divertissant de s'en aller sans en rien dire au gentilhomme du Vidame, qui l'attendait au

---

(1) Je ne sais pourquoi les médecins ne conseillent plus aux personnes qui souffrent de la poitrine de séjourner dans une étable, et surtout d'y coucher aussitôt que la température est devenue rigoureuse. C'était une prescription très salutaire, et dont j'ai vu des effets miraculeux. (*Note de l'Auteur.*)

bas de l'escalier champêtre et qui la reconduisit jusqu'à son carrosse. Imaginez la surprise et les éclats de rire à l'hôtel de Richelieu, où nous attendions curieusement le retour de Mme d'Egmont!

Le Maréchal survint inopinément chez sa fille, et voilà qu'il se mit à ratatiner sa petite bouche en fermant ses petits yeux, ce qui était chez lui le signe pathologique du mécontentement.

— *Comtesse d'Egmont*, dit-il de sa voix la plus creuse et la plus enrouillée, ce qui n'est pas peu dire, *vous n'auriez pas dû, ce me semble, en agir de la sorte à l'égard d'un homme de cette naissance et de cet âge là, sans compter qu'il est très malade; et je vous conseille de retourner à l'hôtel de Lusignan, pas plus tard que demain matin.*

— Hélas! Monsieur, répondit-elle en adoucissant encore sa voix si douce, et en tournant vers lui ses yeux enchanteurs, qui étaient moitié suppliants et moitié malicieux, comment voulez-vous que je puisse le réveiller?

— *Vous pourrez vous adresser à son gentilhomme!*

— Mais que supposez-vous donc qu'il ait à me dire?

— *Pour le savoir, il faudra que vous preniez la peine de retourner chez lui demain matin, et j'ose espérer que vous n'y manquerez pas!*

Le Maréchal essaya de nous parler d'autre chose, mais il ne put jamais se dérider. Il nous quitta pour aller à Versailles, où il devait faire une semaine de service pour un des premiers gentilshommes de la chambre qui était malade; et plût à Dieu que sa pauvre fille ne fût jamais retournée à l'hôtel de Lusignan!

Mme d'Egmont se trouvait mortellement contrariée par cette nouvelle injonction du Maréchal, et sitôt qu'il fut sorti pour s'en aller à Versailles, elle nous dit impatiemment que c'était une exigence inconcevable, et qu'elle en éprouvait toutes sortes d'ennui, d'abord à cause de la peine qu'elle aurait à s'empêcher de rire au nez de ce Vidame, auprès duquel elle allait se trouver dans la sotte position d'une grande Dame qui lui serait allée faire une espièglerie de petite fille, et surtout parce qu'elle ne pouvait se délivrer d'un pressentiment funeste, et qu'elle éprouvait une sorte d'effroi, de saisissement et d'appréhension lugubre, en pensant qu'elle allait être obligée de rentrer dans cet hôtel de Lusignan. Il me semble, disait-elle, que si je pouvais parler à ce malencontreux Vidame autre part que chez lui, je n'aurais pas la même inquiétude; et vous savez que je n'ai jamais été trompée par mes pressentimens! Enfin elle se monta si bien la tête et se trouva si bien pénétrée de cette contrariété qu'elle se mit à pleurer à chaudes larmes, et que je m'en fus trouver son mari qui était dans sa bibliothèque à feuilleter ses recueils de brefs et ses collections de bulles, avec ses dissertations sur les Décrétales et ses histoires des Conciles; car c'était là son occupation continuelle.

J'aurais été la Gouvernante Marguerite d'Autriche, l'Infante Isabelle-Claire-Eugénie, Stathouderesse générale des Pays-Bas, et j'aurais même été Marie de Bourgogne, que M. d'Egmont n'appelait jamais autrement que *Magna Maria,* ce qu'il faisait en s'inclinant profondément (comme faisaient toujours le Président de Kuillé et son frère, l'Évêque de Quimper, quand ils nous parlaient à Versailles de la *Redoutable et Miséricordieuse Anne de Bretagne,* leur *Souveraine,* qui, comme on sait, était morte en l'année 1514, ce qui vous prouvera que rien n'était plus mémoratif et plus curieusement suranné qu'un gentilhomme de Basse-Bretagne, il y a cinquante ans); je vous disais donc que si j'avais été l'héritière de Bourgogne et des dix-sept provinces appelées, je ne sais pourquoi, les Pays-Bas, le Comte d'Egmont n'aurait pu me recevoir en visite avec plus de cérémonies et des embarras plus obséquieux.

D'abord, il ne voulut jamais souffrir que je restasse avec lui dans sa bibliothèque, attendu qu'il ne s'y trouvait que des chaises à dossier. Il sonna de toutes ses sonnettes pour faire ouvrir les deux battans de toutes ses portes; il était malheureusement sans gants, le formaliste gentilhomme! mais il eut soin de me présenter la main par-dessous la basque de son juste-au-corps, et nous traversâmes ainsi je ne sais combien de salles avant d'arriver jusqu'à celle de son dais, où je fus obligée, bon gré mal gré, de m'établir sur le fauteuil, tandis qu'il ne voulut jamais s'asseoir que sur un pliant, sur la seconde marche de l'estrade, à la place de son chancelier de Clèves ou de son majordome de Saragosse-la-Royale. Nous avions l'air de jouer *à la Grande-d'Espagne,* comme diraient des pensionnaires, et j'eus bien de la peine à garder mon sérieux pendant cette visite, où je me trouvais sous l'apparence d'une bourgeoise qu'on aurait fait trôner pour la divertir. Je frémissais qu'il ne survînt quelqu'un, ce qui m'aurait fait rire aux éclats. Imaginez le scandale, et jugez de ma frayeur !

Je lui dis pourtant que sa femme était désespérée d'avoir à retourner chez le Vidame de Poitiers ; que le Maréchal de Richelieu n'aurait pas le courage de l'exiger s'il la voyait dans l'état où je l'avais laissée, et que lui, M. d'Egmont, devrait bien intervenir contre l'exécution de cette ordonnance du Maréchal, afin de retarder cette inexplicable visite à l'hôtel de Lusignan jusqu'au retour de son beau-père, avec qui l'on serait toujours à temps pour s'en expliquer.

— Madame la Marquise, me répondit le Comte d'Egmont avec une gravité sentencieuse et périodique, en s'écoutant parler comme aurait fait un Drossard au conseil suprême de Brabant, je suis sensiblement touché de votre extrême bonté pour Madame la Comtesse d'Egmont, et je ne suis pas moins sensible à la peine que vous avez bien voulu prendre en venant ici pour nous en donner ce nouveau témoignage. Il est sûrement fort à désirer que Madame la Comtesse d'Egmont n'éprouve aucune contrariété relativement à cette visite à l'hôtel de Lusignan, dont je ne saurais imaginer, pas plus que vous, Madame la Marquise, et pas plus que Madame la Comtesse d'Egmont, quels peuvent être le motif et l'utilité ; mais il me paraît non moins à désirer que Monsieur le Maréchal de Richelieu n'ait point à nous reprocher de n'avoir pas suivi les intentions qu'il a manifestées en votre présence à Madame sa fille, et je ne vois pas comment on pourrait concilier cette prescription qu'il a cru devoir lui faire, avec l'attente de son retour à Paris ; car cette attente de son retour à Paris nécessiterait infailliblement un retard d'une semaine, à peu près, pendant laquelle semaine on aurait à redouter que M. le Vidame de Poitiers ne vînt à mourir sans avoir pu parler à Madame la Comtesse d'Egmont...

Je ne pus rien gagner sur cet homme aux inconvéniens, et nous apprîmes le lendemain qu'il était parti pour aller passer huit jours à l'Ile-Adam, chez M. le Prince de Conty. On voit qu'il était pour le moins aussi fin politique qu'habile orateur.

Mon Dieu, que de pressentimens j'ai vus se réaliser ! Si vous avez des pressentimens obstinés, ne les méprisez pas et ne les négligez point, mon Enfant ! ce serait une folie dangereuse et peut-être coupable ; car enfin que savons-nous et pouvons-nous savoir qui ne doive céder à l'expérience ? Il est à remarquer qu'on n'a jamais eu de pressentiment qui tendît à nous éloigner d'une obligation de conscience ou de l'acquit d'un devoir religieux ; et comme ces sortes de prévisions-là ne portent jamais que sur des actions qui sont en dehors des préceptes, je ne vois pas pourquoi l'on ne céderait point à leur avertissement. Croyez-en d'autant mieux l'avis que je vous donne ici qu'il est produit par une suite d'observations les plus attentives, et remarquez bien que je n'ai jamais eu de pressentimens que je ne me sois raidie contre eux et que je ne m'en sois mal trouvée.

Mme la Duchesse de Bourbon m'a souvent entretenue des pressentimens qui la tourmentent et de sa malheureuse aptitude pour les prévisions sinistres. Elle a des données qui prennent le caractère de la révélation et dont elle ne saurait se délivrer. Elle est, par exemple, indubitablement convaincue qu'elle mourra de mort subite, et tout ce qu'elle demande à Dieu, c'est de mourir dans une église au pied de la croix !... C'est afin de réparer le scandale qu'elle croit avoir donné par sa négligence à remplir ses devoirs religieux pendant quelques années, où son jugement dogmatique avait été troublé par les rêveries du Martinisme et les folies des Swedenborgiens (1). Elle avait eu des pressentimens si douloureux et si précis relativement à son indigne frère (2), qu'elle envoya près de lui, du fond de son exil, en 1792, un gentilhomme de confiance, afin de lui révéler ce qu'elle croyait avoir appris et ce qui s'est rigoureusement vérifié.

En fait de pressentimens et de fatalité prédestinée qui serait capable de faire tomber dans le jansénisme, il faut que je vous raconte une histoire dont je ne saurais douter, et dont tous les émigrés français en Autriche pourront vous attester la réalité, l'enchaînement inévitable et le singulier résultat.

Le Prince et la Princesse de Radziwil avaient recueilli chez eux une de leurs nièces appelée la Comtesse Agnès Lanskoronska, qui se trouvait

---

(1) Le pressentiment dont il est question s'est pleinement réalisé. Mme la Duchesse de Bourbon est tombée morte en faisant sa prière dans l'église et auprès des reliques de sainte Geneviève, en 1822.

(2) Louis-Philippe-Égalité.

orpheline et qu'ils faisaient élever avec leurs enfans dans leur château de Newiemsko en Gallicie. Pour communiquer de la partie du château où logeaient les enfans avec les grands appartemens habités par le Prince et la Princesse, il était indispensablement nécessaire de traverser une salle immense qui partageait et coupait le centre du bâtiment dans toute sa profondeur et toute sa hauteur. La Comtesse Agnès, âgée pour lors de cinq à six ans, faisait toujours des cris déchirans quand on la faisait passer sous la porte de cette grande salle qui s'ouvrait sur le salon de compagnie où se tenaient ses parens. Aussitôt qu'elle fut en âge de parler et de s'expliquer sur cette étrange habitude, elle indiqua, toute tremblante et paralysée de terreur, un grand tableau qui se trouvait sur la dite porte, et qui représentait, disait-on, la sibylle de Cumes. C'est en vain qu'on essaya de la familiariser avec cette peinture, horrible pour elle, et qui pourtant n'avait rien qui dût effrayer un enfant ; elle entrait en convulsions dès qu'elle entrait dans la salle, et comme son oncle ne voulait pas céder à ce qu'il appelait une manie, en faisant mettre au grenier sa sybylle de Cumes (qui du reste était un magnifique tableau du Titien), la Princesse de Radziwil, étant plus compatissante, avait fini par ordonner qu'on fît arriver Agnès par l'extérieur du château, soit par la grande cour ou par la terrasse du jardin, mais toujours de manière à parvenir à l'autre extrémité du logis sans avoir à traverser la grande salle. S'il pleuvait ou s'il tombait de la neige, on la portait en chaise; c'est ainsi qu'elle arrivait dans l'appartement de sa tante, et c'est ainsi qu'elle en est sortie régulièrement deux ou trois fois par jour pendant douze ou treize ans. Tous les amis de la famille et tous les hôtes du château de Newiemsko ont été les témoins de ce que je vous rapporte ici.

Cette jeune personne était devenue de la figure la plus ravissante : elle était grande, élancée; elle avait les cheveux et les sourcils d'un noir de jais, avec les yeux d'un bleu sombre et doux. Elle était d'une telle blancheur qu'on aurait dit un marbre de Carrare, et l'on n'a jamais vu un col avec des épaules et des bras si parfaitement admirables. Le surplus se trouvait encore un peu dans les futurs contingens; mais, à tout prendre, c'était la plus charmante et la plus aimable jeune fille qu'on puisse imaginer.

Voici la fin de son histoire, ainsi que je la tiens du Prince d'Hohenlohe. En 1797, il se trouvait au château de Newiemsko, pendant les fêtes de Noël, dans une réunion de cinquante à soixante Magnats et Dames du voisinage, y compris les Demoiselles et les jeunes Seigneurs que leurs parens avaient amenés avec eux, suivant l'usage du pays; et tous ces jeunes gens voulurent se livrer, après l'office du soir, à une espèce de divertissement qui est originaire de France, où il est passé de mode, et qu'on appelle en Gallicie *la Course du Roi*. Il est question d'aller s'établir dans la grande salle du château ; et, pour la première fois de sa vie, la Comtesse Agnès n'en montre aucune frayeur. Son oncle observe tout bas qu'elle est devenue bien raisonnable, et la Princesse ajoute que sa résolution provient sûrement de ce qu'elle va se marier dans trois jours, et qu'elle aura craint de mécontenter son oncle en refusant d'entrer dans la grande salle, où le bal de sa noce devait naturellement avoir lieu. Enfin la bonne et douce Agnès se décide à triompher de sa répugnance; on a soin de la faire passer la première (parce qu'elle était fiancée avec un Prince Wisnowiski, qui est un Jagellon). Mais quand elle arrive au seuil de la porte, le cœur lui faillit, elle n'ose entrer; son oncle la sermonne, ses jeunes amies, ses cousins et son fiancé se moquent d'elle; elle s'accroche aux battans de la porte, on la pousse en avant, on referme les battans sur elle, afin de l'empêcher de sortir; ensuite on l'entend gémir et supplier de rouvrir la porte, en disant qu'elle est en danger de mort, qu'elle va mourir, et qu'elle en est certaine! Ensuite on entendit une espèce de bruit formidable, et puis on écouta curieusement, mais on n'entendit plus rien.

Par suite de l'ébranlement qu'on venait de causer à la boiserie de cette porte, le maudit tableau s'était détaché de l'imposte avec son parquet et son cadre massif; un des fleurons de la couronne des armes de Radziwill, qui était en fer doré, lui était entré dans la tête, et la malheureuse était tombée raide morte.

Vous verrez plus loin quels ont été mes pressentimens et ma résistance pour ne pas assister aux fêtes de la ville de Paris à l'occasion du mariage de Louis XVI, où je fus entraînée par obéissance, et où je manquai d'être écrasée sur la place Louis XV, après avoir été versée sur le Pont-au-Change, en revenant du banquet de l'Hôtel-de-Ville; mais revenons à Mme d'Egmont.

Son père arriva de Versailles, et lui dit, entre autres choses, que le Vidame lui avait rendu jadis, et du temps de sa première jeunesse, un service tellement signalé qu'il pourrait dire que le Vidame lui avait sauvé l'honneur et la vie. Il ajouta que si M. de Poitiers avait demandé à le voir lui-même, il n'aurait pas manqué de se rendre chez lui avec empressement; mais que c'était sans doute par délicatesse et par discrétion qu'il ne voulait pas s'adresser à lui plus directement, afin de ne pas le discréditer. Le Maréchal ne doutait pas que son ancien ami n'eût quelque chose à lui faire dire, et peut-être quelque service à lui demander. — Retournez donc chez lui, dit-il à sa fille avec douceur, mais avec persistance; il a sûrement une recommandation quelconque à me faire parvenir : c'était un courageux et généreux homme ! c'était, il y a cinquante ans, la plus aimable créature du monde, et je ne saurais, encore aujourd'hui, penser à cette preuve de dévouement qu'il m'a donnée sans en éprouver un juste ressentiment.

La Comtesse d'Egmont prit son parti de retourner chez le Vidame de Poitiers, qu'elle retrouva dans son étable. Il avait l'air d'être à l'agonie, mais il retrouva des forces en la voyant paraître; il ne sembla nullement embarrassé de ce qu'il avait à lui dire, et voici comment il y procéda méthodiquement.

Après les premiers complimens d'excuse et les remercîmens les plus respectueux, mais sans parler en aucune façon de la première visite que Mme d'Egmont avait pris la peine de lui faire pendant qu'il dormait et sans l'avoir fait réveiller, il se fit apporter une cassette dont il tira des papiers en la suppliant d'en prendre lecture. C'étaient des lettres du feu Comte de Gisors, adressées au Vidame, et qui témoignaient assez de leur amitié réciproque, ainsi que de la pleine confiance et de l'estime que cet honorable jeune homme accordait audit M. de Poitiers. Il était continuellement question de Mme d'Egmont dans toutes ses lettres, et c'était si tendrement qu'il en parlait, que la pauvre jeune femme en avait le cœur serré comme à l'écrou. Il s'y plaignait de l'inhumanité de son père, le Maréchal de Bellisle, à l'égard d'un pauvre enfant qu'il abandonnait à son malheureux sort, et que son fils recommandait au Vidame avec la plus tendre sollicitude. — Je ne reviendrai pas de cette campagne où je veux me faire tuer, disait-il dans sa dernière lettre, je n'en reviendrai pas, j'en ai la conviction, mais je vous recommande Séverin et de ce côté-là, je vais mourir tranquille.

Lorsque la Comtesse eut bien lu toutes ces lettres et qu'elle en eut assez pleuré, ce qui dura près d'une heure, elle essuya ses yeux, et le vieux seigneur ouvrit les siens, qu'il avait tenus fermés pendant tout ce temps-là, sans proférer une seule parole. — Madame, lui dit-il alors, celui que nous regrettons et que vous pleurez n'avait point de secrets pour moi, et j'avais pour lui des entrailles de mère. Il nous a laissé un autre lui-même; c'est un jeune homme à peu près de son âge et pour lequel il avait un attachement fraternel ; il est sans fortune, et je ne possède que du viager, car j'ai vendu toutes mes terres il y a long-temps, et cette maison-ci ne m'appartient plus. Toutefois, j'aurai soin qu'il ait une part de ma succession mobilière, et je lui destine ma vaisselle et mes bijoux, qui valent, pour le moins, septante mille écus ; mais, par un motif que je ne saurais vous faire connaître et sur lequel il me paraît inutile d'attirer votre attention, je voudrais bien que ce jeune homme ne fût pas connu pour avoir été dans mes relations intimes et pour être devenu mon légataire. Ainsi j'oserai vous prier d'accepter, en fidéi-commis, un legs de vingt mille pistoles que je voudrais lui faire, et pour lequel je vous demanderai la permission de vous nommer dans mon testament. Il ajouta que, depuis la mort du Comte de Gisors, ce jeune homme, appelé M. de Guys, se trouvait absolument délaissé par le Maréchal de Bellisle, dont on le croyait fils naturel ; qu'il en était tombé dans le désespoir le plus sombre, et qu'en dépit de tout ce que M. de Poitiers avait pu dire et faire pour le tranquilliser, il était allé s'engager dans les gardes-françaises, où, du reste, on était parfaitement satisfait de sa bonne conduite, — Il est censé le fils légitime d'un gentilhomme appelé le Chevalier de Guys, qui mourut l'année dernière, étant Capitaine des gardes-côtes à Bellisle-en-Mer, poursuivit le moribond : avec les septante mille écus que je vais lui laisser, il ne saurait être à charge à personne, et tout ce que je vous demande est l'honneur de votre protection pour lui. Il ne fut pas question de celle du Maréchal de Richelieu, que M. de Poitiers eut la discrétion de laisser dans les sous-entendus. Il ne dit rien qui pût faire entendre qu'ils se fussent connus autrefois.

Mme d'Egmont, qui jusque-là n'avait encore péché que par omission, et par pensée, peut-être? éprouva l'inquiétude d'avoir à se reprocher une action que le monde pourrait blâmer. Elle éprouvait, à l'égard de la Comtesse de Gisors, un sentiment d'inquiétude respectueuse et de contrainte embarrassante (1) : elle avait à ménager la susceptibilité de son père et la *méticulosité* de son mari (c'est un mot du diable, et c'est pourquoi je l'emprunte à Voltaire); elle avait sur toute chose à laisser dormir en paix l'orgueil ombrageux et la vanité féroce du Maréchal de Bellisle, qui était ministre de la guerre, et de qui dépendait particulièrement la situation présente et l'avenir du jeune soldat ; aussi, tout en acceptant pour lui le fidéi-commis du Vidame, eut-elle attention de stipuler précisément :

1° Que le testament ne mentionnerait pas son nom de Comtesse d'Egmont comme étant légataire du testateur, mais celui du Curé de Saint-Jean-en-

---

(1) Cette jeune femme était la douceur et la vertu mêmes, et la mort de son mari, qu'elle avait à peine connu, l'avait fait entrer dans une telle dévotion qu'elle passait toute sa vie dans les couvens, les oratoires et les hôpitaux. Elle était remplie d'intelligence et d'esprit, ce dont elle ne montrait presque rien dans la conversation, par excès d'humilité chrétienne. C'était une véritable sainte, et nous l'appelions *Sœur Gisors*.

(*Note de l'Auteur.*)

Grève, qui était son confesseur, et qui lui remettrait la valeur des 200 mille livres en rentes sur l'Hôtel-de-Ville ou sur le clergé, comme on voudrait;

2º Que le jeune homme en question n'aurait aucune connaissance de son entremise ou son intervention dans cette affaire du fidéi-commis, non plus que dans la délivrance du legs;

3º Qu'elle consentait à lui remettre les titres de rente *en main propre*, après la mort de M. le Vidame et de sa part, ainsi qu'il le désirait, mais à condition que ce serait en présence du Curé, soit au presbytère de Saint-Jean, soit dans tout autre lieu dont on conviendrait et où elle aurait soin de le faire mander, sans qu'il pût savoir qu'elle était Mme d'Egmont.

On voit que cette pauvre Comtesse ne négligea nulle précaution pour n'avoir aucunes relations superflues avec le jeune Séverin, et s'il en arriva tout autrement, on pourra dire au moins que ce ne fut pas de sa faute.

Le Vidame de Poitiers mourut cinq ou six jours après, et la Reine de Portugal était morte cinq à six semaines auparavant, ce qui fait qu'il y eut pour elle un catafalque à Notre-Dame. Je me trouvai dans l'obligation d'y fonctionner à la suite de Mesdames, Filles du Roi, bien qu'assurément je n'eusse aucune espèce de charge à la cour de Louis XV, et, soit dit sans trop de fierté, Dieu merci!

Comme il était question de fiancer Madame Adélaïde avec le Prince du Brésil, héritier de la petite couronne de Portugal, ce qui ne plaisait guère à cette fille de France, on avait trouvé convenable que Mesdames assistassent aux obsèques de la Reine Très-Fidèle, et comme leurs maisons n'avaient pas encore été formées, on avait choisi plusieurs femmes de qualité pour leur faire cortége, et c'est moi qui fus désignée par le Roi pour remplir l'office de Dame d'honneur auprès de Madame Louise de France, laquelle est aujourd'hui Carmélite au couvent de Saint-Denis (1). C'était donc moi qui portais la queue de la mante ou plutôt la pointe du voile de cette Princesse, qui la couvrait de la tête aux pieds, et qui traîna de quatorze aunes lorsque j'en laissai tomber la pointe en entrant dans le sanctuaire, ainsi qu'il m'avait été prescrit. C'était ma tante de Parabère qui portait la queue du mien, mais celui-ci n'avait en longueur que trente-six pieds-de-roi, ni plus ni moins et bien exactement, suivant l'aunage et le compas de l'étiquette du Louvre.

La Marquise de Parabère était une assez grande Dame, et certes! elle était fille de qualité; mais il paraît qu'on avait pourtant combiné la chose à dessein de maintenir et manifester la différence qui se trouvait entre les deux noms que nous avions *l'honneur* de porter (soit dit poliment pour elle). Le

---

(1) Louise-Marie de France, Duchesse de Vendôme et Comtesse de Blois, fille de Louis XV et de la Reine Marie de Pologne, née à Versailles le 15 juillet 1757, Religieuse Carmélite au couvent de Saint-Denys en France, en 1774, élue Prieure de ce monastère en 1775, et morte à Saint-Denys le 23 décembre 1787. Elle était sœur puînée de Marie-Adélaïde de France, Princesse de Béarn et Duchesse de Foix, née le 22 mars 1752. Madame Adélaïde est morte à Trieste pendant son émigration, ainsi que sa malheureuse sœur, Madame Victoire de France, Comtesse de Nantes. (*Note de l'Éditeur.*)

degré d'ascendance en parenté n'a rien à faire en ces choses-là; c'est le rang qui décide, et j'ai vu, dans une autre cérémonie, la Marquise douairière d'Hautefort porter la robe de la femme de son petit-fils, parce que cette dernière était née Grande d'Espagne, et qu'elle avait droit aux honneurs du Louvre, en vertu du *pacte de famille.* Peut-être aussi m'avait-on jointe à Mme de Parabère afin d'être bien assuré qu'elle ne recevrait de son acolyte et sa parente aucune marque d'inconsidération fâcheuse et désagréable pour elle. Il y avait long-temps que personne ne la voyait plus, à cause de ses vilaines histoires du temps de la régence; mais je ne saurais dire que personne ait pu la voir ou l'entrevoir ce jour-là, à cause de toutes les étamines et tous les crêpes noirs dont nous étions affublées.

Pendant que les femmes des Atours de Mesdames étaient à nous ajuster nos voiles, à l'Archevêché, lieu du rendez-vous pour le départ du cortège, nous y vîmes arriver Mme de Parabère, toute voilée, et je suppose que c'était par embarras de s'y montrer différemment. Les jeunes Princesses la reçurent avec une indulgence parfaite, une bonté charmante, et cette malheureuse femme en fut tellement émue que la voix lui manqua pour répondre à Mesdames. Quant à moi (la phrase est ici pour le mieux), je lui fis une salutation cérémonieuse, sans aucune autre sorte de politesse; je m'en serais fait un cas de conscience, et, du reste, la chose avait été réglée par M. de Créquy, lequel avait gardé pour cette indigne parente un dégoût rhubarbatif.

Les honnêtes femmes de mon temps se seraient

fait scrupule d'encourager une autre femme dans la mauvaise conduite et le scandale, en usant d'un faux semblant de considération pour elle, et en simulant une apparence d'égards ou d'empressement qu'on aurait pu traduire en faux air d'approbation. Quoi qu'il en fût de ce procédé général, on nous dit au château que c'était le Roi qui lui avait voulu donner cette marque de bienveillance ou de commisération, qu'elle ne méritait guère ; on disait aussi que c'était par la raison que le Roi se rappelait toujours avec bonté que Mme de Parabère lui donnait à manger, pendant sa minorité, des gaufrelettes et des grimblettes à Bichon, qu'il allait grignoter en arrière de l'Évêque de Fréjus, et surtout bien en cachette du Maréchal de Villeroy, qui disait continuellement que les familiers du Régent voulaient empoisonner Sa Majesté. Il ne serait pas impossible que ce fussent les criailleries du vieux Gouverneur qui eussent garanti la vie du jeune Roi. La Providence emploie tout le monde à ses fins, jusqu'aux imbéciles, et le Maréchal en avait tant et tant dit que, si le Roi fût mort, on n'aurait pas douté que ce ne fût par le poison ! On aurait infailliblement lapidé Maître Dubois et consorts ; les parlemens auraient instrumenté, les provinces se seraient mises en révolte, et le Roi d'Espagne aurait trouvé bien des auxiliaires au cœur de la France. On a toujours pensé que la vie de cet enfant royal n'avait tenu qu'à ces craintes-là, et c'était l'opinion du Cardinal de Fleury, du moins (1).

(1) A propos de ce bon Cardinal et du Maréchal de Villeroy,

Pour en revenir aux obsèques de la Reine de Portugal, qui venait de mourir empoisonnée véritablement et bien évidemment, je vous dirai que j'avais eu chez moi, la veille, une furieuse dispute avec Voltaire, à propos du luthéranisme, et parce qu'il avait entrepris de me soutenir qu'on pouvait être parfaitement bon chrétien tout en restant hors de l'unité catholique. Tout en portant le manteau de Madame Louise de France, qui devait mourir

---

lequel était devenu tout-à-fait insupportable et qu'on avait fini par exiler honorablement dans son gouvernement du Lyonnais, je vous dirai, de peur de l'oublier, qu'un jour ledit Maréchal s'avisa de griffonner, suivant son usage, et d'adresser de Lyon à l'ancien Évêque de Fréjus, ci-devant précepteur du Roi, devenu son premier Ministre et Cardinal de la Sainte Église Romaine, une lettre des plus altières et des plus impertinentes, au sujet de je ne sais quelle recommandation qu'il avait faite en pure perte à son Éminence; et voici comment lui répondit le Cardinal :

« J'ai reçu, Monsieur le Maréchal, une lettre que je n'ai
« pu lire et que je n'ai pu me faire déchiffrer, mais dont la
« signature m'a paru ressembler à la vôtre. Si vous prenez la
« peine de m'écrire une autre fois, et si vous désirez que j'aie
« l'honneur de vous répondre, ayez soin de vous y prendre
« différemment. Il ne faut pas qu'on puisse dire que le roi
« avait un gouverneur qui ne savait pas écrire et un précepteur
« qui ne savait pas lire. Recevez avec bonté l'assurance des
« sentimens que je vous conserve et qui sont bien particuliers,
« étant et voulant rester à jamais, Monsieur le Maréchal, votre
« affectionné serviteur.

« LE CARDINAL DE FLEURY. »

La copie de cette lettre, que vous trouverez dans mes papiers, est de la propre main du Cardinal, à l'âge de 89 ans. Il me l'a copiée et donnée lui-même à Issy, le 28 décembre 1742, un mois avant sa mort. (*Note de l'Auteur.*)

sous le manteau de sainte Thérèse et sous la bure du Carmel, et malgré les crêpes qui m'aveuglaient, j'aperçus Mons de Voltaire qui se trouvait au premier rang sur notre passage, et qui babillait avec une espèce d'évêque anglican, nommé Davidson, en s'appuyant sur son épaule. — Monsieur, lui dis-je en passant, vous ne nierez plus que l'hérésie soutienne l'impiété! Il a toujours cité cela comme un à-propos miraculeux.

La Comtesse d'Egmont m'avait dit qu'elle était obligée, pour complaire à son mari, d'assister à ce beau catafalque, où sa dignité de Grande d'Espagne lui donnait le droit de prendre séance au premier rang avec nous autres et les femmes de nos Ducs et Pairs, mais le banc réservé pour les Duchesses était presque vide ; il ne s'y trouvait qu'un gros paquet informe et mal assujetti qu'on supposa devoir contenir Mme de Mazarin, ensuite une manière de grand piquet raide et immobile, qui devait être la Duchesse de Brissac, et de plus une petite chauve-souris qui s'agitait continuellement et trépigna pendant tout l'office, ce qui nous fit juger que c'était la Comtesse de Tessé. Rien dans tout cela ne ressemblait à Mme d'Egmont que j'avais annoncée d'avance à ma princesse, en lui disant qu'elle ne pourrait s'y tromper en la voyant faire ses gracieuses et nobles salutations au milieu de la nef et du cœur de Notre-Dame. Ce fut une véritable contrariété pour Madame Louise et pour nous. Mme d'Egmont, faisant la révérence en grand habit, était une sorte de curiosité merveilleuse : j'aurais voulu qu'on pût faire son portrait dans l'action de saluer

l'autel ou la tribune royale à la chapelle
sailles, et je n'ai jamais vu que deux femmes qui
saluassent *à la Fontanges* aussi bien qu'elle. C'était
la Reine Marie-Antoinette, et (sauf le respect qu'on
doit porter à la Reine de France) Mlle Clairon de
la Comédie-Française. Bien entendu que je n'ai jamais vu celle-ci faire la révérence à la cour ou dans
une chapelle ; c'était seulement chez le Maréchal
de Richelieu, qui la traitait favorablement et qui la
faisait venir deux ou trois fois l'an pour déclamer
devant sa fille. On lui donnait vingt-cinq louis pour
sa peine, et jamais elle ne manquait de donner dix
louis de pour-boire au cocher qui la ramenait dans
un équipage du Maréchal (1).

(1) A propos des salutations d'étiquette, je n'ai pas besoin de vous avertir de ne jamais traverser la salle du Trône sans vous incliner devant le Trône de France ; mais je vous dirai qu'on ne passe jamais devant le Cadenat du Roi sans saluer ce Cadenat. En voyant le Cardinal de la Rochefoucauld se conformer à cette ancienne coutume, l'innocent et célèbre M. Francklin demanda si ce grand vaisseau doré contenait des reliques ? On lui répondit que c'était des ustensiles de table, et il s'écria :—*Prodigious !*... Je me souviens aussi qu'un certain dimanche de Pâques, la Maréchale de Noailles avait rencontré ce vieux appareil qu'on apportait solennellement pour le dîner du Roi ; mais elle avait oublié de s'acquitter de cette obligation d'étiquette, et la voilà qui (de l'autre bout du château) revient sur ses pas, entre dans la salle du couvert, et fait une révérence profonde et consciencieuse à tous ces couteaux d'or et toutes ces fourchettes qu'on avait retirés du Cadenat. — « C'était pour l'édification des officiers de la Bouche et
« du Gobelet, me dit Louis XV ; il n'y avait encore à mon couvert
« que mes gens de service. Vous voyez qu'il n'est plus question
de voler des reliques et de faire des profanations ; il paraît que
depuis votre affaire avec l'officialité de Paris, la Maréchale
st devenue joliment scrupuleuse ! » (*Note de l'Auteur.*)

Après les cérémonies de l'absoute, où les Princesses et les femmes titrées n'assistent jamais, on nous apprit en rentrant à l'archevêché que Mme d'Egmont s'était trouvée mal en arrivant au milieu de l'église, et qu'elle avait fait un cri terrible en s'évanouissant.

Je la trouvai chez moi qui m'attendait. Elle était pâle comme un suaire et n'était pas encore débarrassée de son attirail funéraire. Elle ne pouvait parler qu'à peine, et tout ce que j'en pus tirer, c'est qu'en approchant du catafalque pour le saluer avant d'aller s'asseoir au chœur, elle avait cru voir le Comte de Gisors en habit d'uniforme et sous les armes. — On m'a porté sans connaissance à la sacristie, me dit-elle, on m'a fait revenir en m'aspergeant d'eau bénite, et me voilà. Ne vous moquez pas de moi ; je l'ai vu, j'en suis certaine, et j'en suis plus morte que vive !

Je lui répondis que M. de Nivernais m'avait déjà parlé d'un jeune soldat aux gardes qui ressemblait à feu M. de Gisors à s'y tromper, et que c'était sans doute le même soldat qui se trouvait en sentinelle auprès du catafalque ? — Hélas ! dit-elle en étouffant de sanglots, ne voyez-vous pas que ce sera le jeune Séverin, son frère, auquel il faudra que je remette ce legs de M. de Poitiers ! Je l'ai promis : il faudra que je le revoie encore une fois ; je m'en effraie, et je suis bien malheureuse. Nous pleurâmes ensemble avec amertume, ce qui ne manquait jamais d'arriver quand je la voyais en affliction ; mais voilà qu'on vint m'annoncer la Maréchale de Maillebois, avec la Comtesse de Gisors

Duc de Nivernais, son père...... Nous eumes peine le temps d'essuyer nos yeux, et nous dévorâmes nos larmes du mieux qu'il nous fut possible. Heureusement que nous n'avions pas mis de rouge, à cause de la cérémonie du matin, car nous en aurions été risiblement barbouillées, comme il arrive aux jeunes mariées qu'on mène à la tragédie.

Il fallait choisir son heure et les momens pour s'attendrir sans qu'il y parût, dans ce temps-là. Les galans soupçonneux et les maris jaloux ne savaient pas toutes les graces qu'ils avaient à rendre à l'usage du rouge, à la poudre, à la coiffure étagée de leurs belles et surtout à leurs paniers de quatre aunes et demie d'envergure! Quand une femme de bonne compagnie n'était pas vieille et qu'elle recevait la visite d'un homme, on ne fermait jamais la porte de la chambre où ils se trouvaient. Aucun visiteur ne s'asseyait devant nous qu'*à distance respectueuse* (l'idiotisme en est dérivé de l'usage), et jamais on n'aurait vu des hommes aller s'installer et s'étaler à côté d'une femme sur un canapé. Pour qu'une femme de qualité se conduisît mal, il fallait absolument qu'elle en eût la décision bien prise, et c'était *l'occasion* qui manquait si *l'herbe tendre* ne manquait pas. Mais il est temps d'en revenir à cette pauvre Septimanie, qui était dans une agitation cruelle, et dont la charmante figure avait pris, en voyant entrer M*me* de Gisors, quelque chose de sinistre et de calamiteux. Nous nous séparâmes bien tristement, et je reçus le lendemain la visite du Curé de Saint-Jean-en-Grève, qui demandait à me parler pour une affaire indispensable. J'étais en colloque avec tous les Sully, les Charost et les Montmorency du pays, pour un conseil de famille, et j'ordonnai qu'on le fit entrer dans mon oratoire, où je le trouvai qui disait l'office du Saint-Esprit dans un bréviaire de l'ordre, qu'il avait découvert sur mon prie-Dieu. Il me fit signe de ne pas l'interrompre.... J'ai su depuis que cette pratique, dont il était venu s'acquitter dans mon oratoire, était la suite d'un arrangement qu'il avait fait avec le frère de Mme de Maintenon, le vieux Comte d'Aubigné, qu'il assistait à la mort et qui se tourmentait beaucoup de n'avoir pas dit son office du Saint-Esprit depuis je ne sais combien d'années, quoiqu'il eût fait le serment de le réciter chaque jour, en exécution des statuts de l'ordre, et quand il avait reçu le collier, à la fameuse promotion de 1688. C'était donc pour le soulagement de sa conscience et la paix de ses derniers momens que le bon Curé lui avait promis de dire à son intention l'office du Saint-Esprit jusqu'à la fin de ses jours; et vous voyez qu'il y procédait charitablement sitôt qu'il en trouvait l'occasion. Les curés et les notaires de Paris sont, comme chacun sait, les deux corporations les plus estimables du royaume; mais ce Curé de Saint-Jean, qui s'appelait l'Abbé Duhesme, était la fleur des saints. La quantité des aumônes et des restitutions qu'il faisait opérer et qui lui passaient par les mains était prodigieuse. Je ne doutais pas qu'il ne voulût me parler du fidéi-commis de sa pénitente et du légataire de M. de Poitiers;

mais il se trouva qu'il avait tout simplement à me faire une restitution de cinquante-quatre livres, avec une serviette ouvrée des armes de Créquy, ce dont il me laissa toute désorientée.

FIN DU SECOND VOLUME.

TABLE

DES MATIÈRES CONTENUES DANS CE SECOND VOLUME.

Pages

CHAPITRE I. Le jeune Arouet. — Le Régent l'exile. — Mme Arouet, sa mère. — Elle voudrait le faire officier de justice. — Le Duc de Richelieu se moque d'elle. — Les bals masqués du Régent. — Ses orgies. — Scandale qu'il donne par un sacrilége. — Mme de Coulanges. — Mme de Simiane. — Invention du Maréchal de Richelieu relativement à Mme de Sévigné. — La Duchesse de Chaulnes et le Vidame d'Amiens. — Le Czar Pierre et sa cour. — Sa visite à Saint-Cyr. — L'auteur dément une assertion de Saint-Simon. — Le Grand-Prieur d'Aquitaine. — La Duchesse d'Angoulême, belle-fille de Charles IX et morte en 1713. — Son mari accusé d'être incendiaire et faux monnayeur. — La Marquise douairière de Créquy. — Son aventure avec un neveu du Pape. — Poursuite judiciaire contre M. de Richelieu. — Sa lettre au Duc d'Aumont, père de Mme de Créquy. — Son duel avec le Marquis d'Aumont. — Résultat de leur querelle. 1

CHAP. II La Duchesse de Berry, fille du Régent. — Sa vie déréglée. — Sa maladie. — Refus des sacremens par son curé. — Approbation de la conduite du curé par l'Archevêque de Paris. — Violences et fureurs de cette Princesse. — Acte d'hypocrisie ridicule. — Foiblesse du Régent. — Mort de sa fille. — Ignorance de la Duchesse d'Orléans sur sa conduite scandaleuse. — Ses obsèques à Saint-Denis. — La Duchesse de Modène. — La Reine Louise. — L'Abbesse de Chelles et Mademoiselle de

TABLE DES MATIÈRES.

Pages

Beaujolais. — Mme de Parabère. — Comment elle est traitée par sa famille. — Le Comte Antoine de Horn. — Origine et principale cause de l'animosité que lui portait le Régent. 19

CHAP. III. La maison, le Prince et les deux Comtes de Horn. — Leurs caractères. — Folie héréditaire dans leur famille depuis deux générations. — Jean de Wert, *bâtard* de Horn. — Son petit-fils, gouverneur de Wert. — Incarcération du Comte de Horn dans ce château. — Sa fuite et sa folie. — Le Grand-Forestier de Flandre. — Le Comte de Horn à Paris. — On cherche à l'y capturer. — Son procès. — Démarche de la haute noblesse auprès des juges. — La salutation magistrale. — Requête de la noblesse au Régent. — Liste des signataires. — Conférence avec le Régent. — Ses argumens. — Ses promesses. — Sa parole d'honneur. — Lettre du Duc de Saint-Simon au Duc d'Havré. — Supplice du Comte de Horn. — Billet du Duc d'Havré au Duc de Saint-Simon. — Proposition du Régent au Prince Emmanuel de Horn. — Sa réponse. — Condamnation à mort de 23 gentilshommes bretons. — Noms des suppliciés et des coutumaces. 29

CHAP. IV. Mme de Parabère. — Tous ses galans périssent malheureusement. — Mort du Chevalier de Breteuil et autres. — La Maréchale de Luxembourg, alors Duchesse de Boufflers. — La Maréchale de Mirepoix, alors Princesse de Lixin. — Sa passion pour le jeu. — Magnificence de l'hôtel de Luxembourg. — Éloge de Mme de Flahaut. — Mlle Quinaut, Chevalier de l'ordre de Saint-Michel. — La Comtesse de Vertus. — Le Marquis de la Grange et ses procès. — M. de Vaudreuil et M. de Chassé. — Mme du Deffant, alors Mlle de Vichy. — Son étrange aventure au couvent. — Conduite admirable de M. d'Argenson. — Mariage de Mlle de Vichy. — La Comtesse de Bourbon-Busset chez Mme du Deffant. — M. Lyonnais, le médecin de chiens. — Il doit prendre le nom de Courtenay. — Les Motier de Lafayette. — Mot de Louis XV à propos de leur généalogie. — Extinction de l'ancienne maison de Lafayette dans celle de la Trémoille. 55

TABLE DES MATIÈRES.

CHAP. V. L'incendie. — Maladie de Louis XV. — Fête aux Tuileries pour sa guérison. — Passe-droit du Régent. — Démission du Marquis de Créquy. — Mort de Cartouche. — Départ de l'auteur pour l'Italie. — Rencontre d'un faux monnayeur qu'on mène au supplice. — Sa déclaration prétendue. — Le Marquis de Créquy obtient sa grace. — L'héritière de Monaco. — Le Duc de Savoie. — Les seigneurs de Blacas. — La maison de Chabannes et M. de la Palice. — Mademoiselle Anjorrant. — Les Anges-Orants. — Les Cousins du Roi. — Distinction entre les parens de la maison royale et les grands officiers de la couronne à qui l'on donne ce titre. — L'Évêque de Lisieux. — Matignoniana. 78

CHAP. VI. Première ambassade du père de l'auteur. — Motif apparent de cette mission diplomatique à Venise. Son motif secret à Rome. — La cour de Modène. — Le Duc Renaud III. — Son fils. — La Princesse héréditaire. — Les robes de Perse. — Le Cardinal de la Mirandole. — Le télescope de Ferraccino. — La Princesse des Ursins, marraine de l'auteur. — Abrégé de son histoire biographique. — Le Chevalier d'Aubigny. — Le Prince de Mansfeld et la Comtesse Fagnani. — Le défunt Pape Clément XI. — Son humilité, sa charité, ses autres vertus. Les Cardinaux des deux partis. — Les *Zelanti* et les *Politichi*. — Les Cardinaux des deux divisions. — Les *Papabili* et les *Papegianti*. — Les Cardinaux des quatre factions. — Les *Romani*, les *Italiani*, les *Gallicani*, et les *Tedeschi*. — La cour des Stuarts au palais Borgia. — La Reine Marie Sobieska. — Son héritage du Roi Jean III. — La Duchesse de Bedford et Lady Tavistock. — La chanson française. — Le conclave. — L'abbé de Beaumont, alors Conclaviste et depuis Archevêque de Paris. — Son aventure dans la campagne de Rome. — Le mort et l'amoureux. — Anecdotes romaines, etc. 98

CHAP. VII. Intrigues à Rome en faveur de Dubois. — Le Comte de Froulay refuse d'y participer. — Il se retire à Venise. — Son rappel en France. — Le Pape Innocent XIII. — Sa famille et les Princes romains du nom de

Conti. — **Mort** du Pape Michel Conti. — Présomption sur la cause de sa mort. — Un brigand romagnol. — Absolution donnée par le Pape *in caso particolare*. — Le Cardinal grand-pénitencier. — Les cas de conscience. — Opinion du Saint-Office en désaccord avec celle du Clergé français. — Présentation au Saint-Père. — Souvenir du Duc de Créquy. — Il avait été insulté par la garde corse. — Réparation de la cour de Rome. — La pyramide du Vatican. — Lettre de Louis XIV au Pape Alexandre VIII. — Mot du Pape Innocent XIII à propos du même Duc de Créquy. — Le Doge de Gênes. — Le Prélat brocanteur. — L'amour et la peste. — L'Abbé de Tencin. — Son procès avec des Jansénistes. — Libelles contre lui. — Ses charités dans son diocèse de Lyon. — Calomnies contre sa sœur la Comtesse de Tencin. — Jean le Rond, surnommé d'Alembert. — Moqueries de Voltaire au sujet d'une illusion de ce philosophe.   124

CHAP VIII. Retour en France. — M. de Belsunce. — La Peste de Marseille. — Lettre pastorale de cet Évêque. — Dévouement de son Clergé. — Charité parfaite et désintéressement de ce Prélat. — Hostilités des Jansénistes à son égard. — Motif de plusieurs libelles contre lui. — Le Jansénisme et les Oratoriens. — Fouché de Nantes. — Les Dames de Forbin. — Locutions provençales. — Le Cardinal Giraud. — Sa naissance et son extraction. — La famille Giraud. — Ses relations avec celle de l'auteur. — Le Duc de Richelieu. — Épitaphe de la mère du Régent. — Désappointement de Voltaire. — Projet d'une dédicace au Roi. — Refus du Cardinal de Fleury. — Voltaire dédie la Henriade à la Reine Anne d'Angleterre.   156

CHAP. IX. Mort de Dubois et du Régent. — Renvoi de l'Infante. — La Reine Marie Leczinska. — La Comtesse de Saint-Florentin. — M. de Moncrif, lecteur de la Reine. — Scrupule de cette Princesse à l'égard des Princes lorrains. — La Comtesse de Marsan. — Un pèlerinage au dix-huitième siècle. — Mme du Deffant et M. de Pont-de-Vesle. — Le Cocher Girard. — Le Comte de Créquy-Canaples.—Lettre de Voltaire à propos de Sainte-Geneviève. — L'officialité de Paris. — M. de Beaumont. — La Maréchale de Noailles. — Elle écrit à la Saint-Vierge. — Elle vole des reliques. — Elle entre dans la loge des lions. — On lui interdit l'usage des sacremens. — L'Abbaye-aux-Bois. — Le Vicomte de Chabrillan. — Un Tableau de Boucher. 217

CHAP. X. La Comtesse d'Egmont. — Son Portrait. — Le Maréchal de Richelieu. — Sa Famille et sa Généalogie. Le Comte de Gisors. — Le Maréchal de Bellisle. — — Anecdote sur Fléchier. — L'Oraison funèbre. — Le Vidame de Poitiers. — L'Hôtel de Lusignan.— Pressentiment de Mme d'Egmont. — L'Abbé Cochin. — Scène étrange à l'Hôtel-de-Ville.—Faux miracle. — Le Comte d'Egmont. — Pressentimens de l'auteur. — Singuliers pressentimens d'une Dame polonaise. — Le jeune Séverin. —Le Testament. — Le Catafalque et Mme de Parabère. — Voltaire et Mme de Créquy. — Mlle Clairon. — Le Grand-Couvert. — Lettre du Cardinal de Fleury. — Le Curé de Saint-Jean-en-Grève. — Le vieux Comte d'Aubigné. — L'office du Saint-Esprit. — Restitution d'une Serviette. 194

FIN DE LA TABLE DU TOME SECOND.